Revitalization of Regional Banks:
Toward Contribution Banking

㈱浜銀総合研究所 社長
伊東　眞幸
［著］
神戸大学経済経営研究所 教授
家森　信善

地銀創生

──コントリビューション・バンキング

一般社団法人金融財政事情研究会

はじめに

リレーションシップバンキング（以下、リレバン）は時代を超えた優れたビジネスモデルであり、かつ地銀にはきわめて相性のいいモデルであるといえる。しかしながら、このリレバンを確実に実践しているにもかかわらず、地元において企業の資金需要は思ったようには伸びず、利鞘の縮小と相まって地銀の資金収益を圧迫する。さらに、日本全体での人口減少は今後本格化することが確実であり、よほどのことがない限り、地銀の地盤である各地方の経済が、それとともに徐々に縮小していくのは必至である。

こうしたなか、将来における地元の資金需要の増加を期待できない、いや、それどころか資金需要が減少することに危機感をもつ地銀は、比較的、資金需要があり、今後ともその増加が見込める東京マーケットに打って出ることになる。そして、その結果、東京における地銀間の融資競争、すなわち金利競争はエスカレートし、ある程度、融資残高は伸びるものの、採算上はきわめて厳しい状況が続くのである。東京圏だけではなく、大阪、名古屋、福岡などの中核都市においても同様の状況があると聞く。

これをもって、「リレバンはそろそろ時代にそぐわなくなってきたのか」と考える向きもあるかもしれない。しかしながら、筆者は東京をはじめとした自らの地元ではない大都市において、多くの地銀がリレバンを実践しているとはとうてい思えない。たしかに、東京などにおいても取引先企業と地元と同様の付合い方をし、取引先の中小企業に対してリレバンを実践し、その結果、安定した収益をあげている地銀もあるようだ。しかしながら、そうした地銀はきわめて少数であるといわざるをえない。

それでは、地銀はリレバンを東京など自らの地元ではない大都市において実践していくべきなのであろうか。あまり土地勘もなく、また取引歴の長い取引先中小企業も少なく、さらには、さまざまな情報源となる人脈もあまりない地においてである。

結論からいえば、実践できるに越したことはないが、「言うは易し、行うは難し」であり、そう簡単にできるものでないことは、これまでの歴史が証明している（逆に、そうした土地勘、取引先、人脈がある地銀であれば、東京などにおいてもリレバンを実践することは可能かもしれない）。

地銀の生きる道は、やはり地元においてリレバンを確実に実践していくということなのだろうか。「まさにそのとおりである」と筆者は考えるのである。ただし、人口減少により地元経済が縮小し、資金需要も減少することが予想されるなか、従来と同じ行動を地銀がとり続ける限り、今後ともその経営環境はかなりの程度厳しくなるといわざるをえまい。

それでは、どうしたらいいのか。一言でいえば、地元経済が活性化するよう、地銀自体が「積極的に汗をかく」ということである。そして、それが奏功して地元企業が繁栄すれば、金融取引を通じて地銀自身も潤うことになる。筆者はこのビジネスモデルを「コントリビューション・バンキング」と命名した。すなわち、このモデルの特徴は「地元への貢献・参画の仕方」に現れ、「取引先との付合い方」にその特徴が現れるリレバンとは対立関係にないばかりか、きわめて相性のいいモデルなのである。

こうした頭の整理をしながら、最終章で家森先生と対談をさせていただいた時、先生から「地域やお客様が真に求めるものを追求・実行していれば、地域やお客様の業績が伸展して喜ばれるとともに、地域金融機関も存在感や機能・役割が向上し、結果として収益にも結びつくし、職員のやりがいも高まっていく」というご指摘をいただいた。

これは対談の冒頭で、筆者が「地域金融機関の役割・使命は地元企業に対する深い理解と、そのニーズに基づくさまざまな切り口からのタイムリーな支援に尽きる。すなわち、業況の悪化がみられる先には経営改善指導を、売上・販路拡大が必要な先にはビジネスマッチングを、その他経営上の課題がある先にはその解決策を見出すコンサルティングサービスを提供すること等である」と発言したことをふまえてのご発言であった。

筆者は家森先生のこの言葉を頭のなかで何度も繰り返すうちに、実はこうしたことも「コントリビューション・バンキング」のもう一つの意味合いなのかもしれない、と次第に考えるようになった。

すなわち、「コントリビューション・バンキング」の一つの要素は「自ら戦略的・積極的に企画立案・行動することにより地元経済活性化に貢献・参画し、将来の地元経済ならびに日本経済全体の発展ひいては自行の発展を目指すビジネスモデル」であるが、もう一つの要素として「顧客に対する深い理解とそのニーズに基づき、さまざまな切り口からタイムリーな支援を行うことにより顧客の業績伸展を図り、結果として自行の存在感・役割の向上、そしてその発展を図るビジネスモデル」という意味もあるということになる。すなわち、コントリビューション・バンキングとは、リレバンの考え方を取り込みながら、それを深化させ、拡張させたものといえる。

今回、家森先生と対談させていただくことにより、先生から貴重なヒントをいただいた。そして、それは、コントリビューション・バンキングのもう一つの意味合いを確認することにつながったという意味で、小生の拙い研究にとってきわめて意味深いことであると理解している。先生にはこの場を借りてあらためて感謝申し上げたい。

二〇一六年五月一一日

浜銀総合研究所社長
伊東　眞幸

目　次

第1章 地銀への期待とその多面性

伊東　眞幸

第2章 地銀はリレバンだけで十分か
――コントリビューション・バンキングの勧め

伊東　眞幸

第3章 地方創生と地銀の役割①
——「ゼロ・サム」から「プラス・サム」へ

伊東 眞幸

第4章 地方創生と地銀の役割②
——広域周遊観光ルート形成とツーリズム

伊東　眞幸

第5章 地方創生と地銀の役割③
――対内直接投資の促進とブランド力ある商品の輸出強化

伊東 眞幸

第6章 地域金融機関の現場は地方創生を実現できるか

家森 信善

第7章

職員にとって働きがいのある職場になっているか

家森 信善

最終章 地域金融機関の王道・使命《対談》

伊東 眞幸／家森 信善

序章

地方創生が求めるリレーションシップバンキングの高度化

家森　信善

1 雇用の質を重視する地方創生総合戦略

(1) 地方創生の起点──地方での「しごと」の創生

政府は二〇一四年一二月に「まち・ひと・しごと創生総合戦略」(地方創生総合戦略)を閣議決定した。

いま日本では、全国的な人口減少が続くなかで、東京への一極集中が強まった結果、「人口減少が地域経済の縮小を呼び、地域経済の縮小が人口減少を加速させる」という悪循環の連鎖が顕在化するリスクが高まっている。図表序―1は過去一〇年間の地域別の就業者数の変化を示したものであるが、就業者数が増えているのは東京を含めた南関東だけである(九〇万人増)。残りのすべての地域は、東海や近畿圏も含めて就業者数が減っている。

図表序―1をみると、生産工程・労務作業従事者は南関東でも大きく減っており

図表序－1　地域別の職業別就業者数の増減（2002～12年の間）

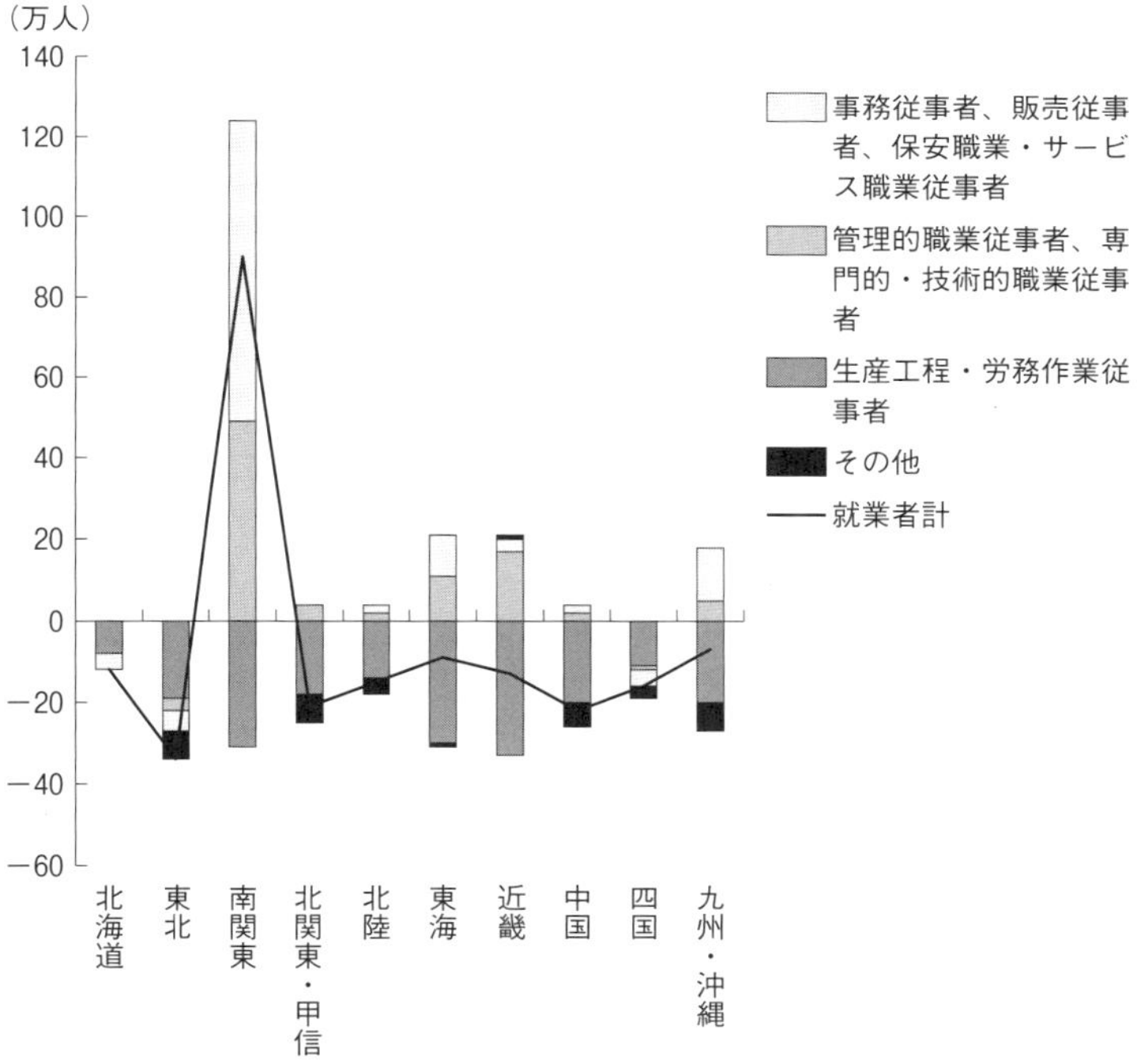

（注）　1．総務省統計局「労働力調査」をもとにしている。
2．生産工程・労務作業従事者は生産工程従事者＋建設・採掘従事者＋運搬・清掃・包装等従事者の合計。
3．東北：青森、岩手、宮城、秋田、山形、福島。南関東：埼玉、千葉、東京、神奈川。北関東・甲信：茨城、栃木、群馬、山梨、長野。北陸：新潟、富山、石川、福井。東海：岐阜、静岡、愛知、三重。近畿：滋賀、京都、大阪、兵庫、奈良、和歌山。中国：鳥取、島根、岡山、広島、山口。四国：徳島、香川、愛媛、高知。九州・沖縄：福岡、佐賀、長崎、熊本、大分、宮崎、鹿児島、沖縄。
（出所）　厚生労働省「平成25年版　労働経済の分析」に基づいて、筆者がみやすくするために項目を集約化して作成

（三一万人減）、増えている地域は全国に一つもない。一方で、南関東で増えているのは、専門的・技術的職業従事者（五八万人増）、保安職業およびサービス職業従事者（五四万人増）、事務従事者（二一万人増）である。こうした職場が東京に多いことが東京への一極集中を起こしている理由だといえる。

地方創生総合戦略では、**「「しごと」が「ひと」を呼び、「ひと」が「しごと」を呼び込む好循環を確立し、その好循環を支える「まち」に活力を取り戻す地方創生の理念を実現する」**ことが、基本的な考え方として示されている。つまり、地方での「しごと」の創生を地方創生の起点と位置づけているのである。こうした発想が、一九八〇年代の大都市集中対策（典型的には首都移転の議論）のように、政治の力で集中化を防ごうとしたのとは異なっている。経済の力を活用して政策課題に取り込もうとしているのが地方創生の特徴なのである。

起点である「しごと」の創生についても、従来の政策から大きく方向性が変化していることに注意が必要である。つまりリーマンショック直後には、「雇用の量」を確保すること（言い換えれば、企業の倒産を先送りしてでも失業者を増やさないこと）に主眼が置かれていたのとは対照的に、地方創生総合戦略では「雇用の質」の確保・向上を政策ターゲットにしているのである。

(2) 地域企業の生産性向上に必要な視点

具体的には、地方創生総合戦略では、**「若い世代が地方で安心して働くことができるようになるためには、「相応の賃金」+「安定した雇用形態」+「やりがいのあるしごと」といった要件を満たす雇用の提供を実現すること」**が政策目標とされている。

つまり地方創生の核心は、地方経済において「相応の賃金」を支払える企業をつくることである。裏返していえば、現状は、地方でそうした企業が減ってきているということである。「相応の賃金」を支払える企業とは、すなわち付加価値や生産性を継続的に向上させていける企業のことなので、どのようにして地域企業の付加価値や生産性を継続的に向上させていくかが地方創生の本質的な問題である。

生産性の向上という点では、生産性の向上の見込めない企業の円滑な退出も重要な課題となっている。非常に単純化していえば、生産性の低い企業で働いていた低賃金の労働者が生産性の高い企業で働くようになれば、生産性に応じて高い給料を得られるし、地域全体の生産性が向上し、地域の供給面のボトルネックも緩和できるからである。

企業経営者が早期に自ら退出を決断できないことも多く（個人保証や第三者保証の存在もその原因の一つである）、また、これまでの「雇用量」を守る政策では、そうした決断をさせないことが暗黙裏に「よいこと」とされてきた。他方で、後継者を見つけるための支援が十分ではなかったために、生産性の高い企業の経営者が転廃業を決断してしまうという「過剰な」退出も起こっていた。自らの状態を正しく把握できていない企業経営者が多いので、彼らに客観的な企業の将来像を把握してもらい、それぞれの企業のライフステージに応じた支援を行うことがいまほど求められている時代はない。

もちろん、生産性の向上は、「ひと」や「まち」を守るために重要である。人口減少が進んでいる地方部では、各種のサービス業で人手が足りない状況が起こっている。そのために、地方創生総合戦略では、「地域のしごとの高度化」についての最重要な目標指標として、サービス産業の労働生産性の伸び率を約三倍に拡大することを掲げている（二〇一一～一三年の年間伸び率の平均：〇・八％→二・〇％）。サービス業での生産性を引き上げないと供給サイドのボトルネックに直面してしまい、最低限のサービスを受けられないという理由で地方から都市への人の流れが加速化しかねないからである。

2 地方経済の主役は中小企業

(1) アベノミクスは大企業／都市部に恩恵

図表序－2は、最低賃金額（二〇一五年一〇月発効）の高い順に、都道府県を並べたものであり、あわせてアベノミクスが始まる前の二〇一二年一〇月と比べた最低賃金の増額を折れ線グラフのかたちで示している。地域別最低賃金は、①労働者の生計費、②労働者の賃金、③通常の事業の賃金支払能力を総合的に勘案して定められており、地域の賃金動向を知る一つの目安である。

東京都や神奈川県の最低賃金が最も高く、九〇〇円を超えている一方で、山形県から沖縄県の一六県では六〇〇円台となっている。さらに、アベノミクス開始以降の最低賃金の増額幅も大都市部で大きく、地方部では小さい。たとえば、増額幅の大きな都府県は、愛知県（六二円）、千葉県、大阪府、東京都、神奈川県（五六円）の順であり、他の道府県と

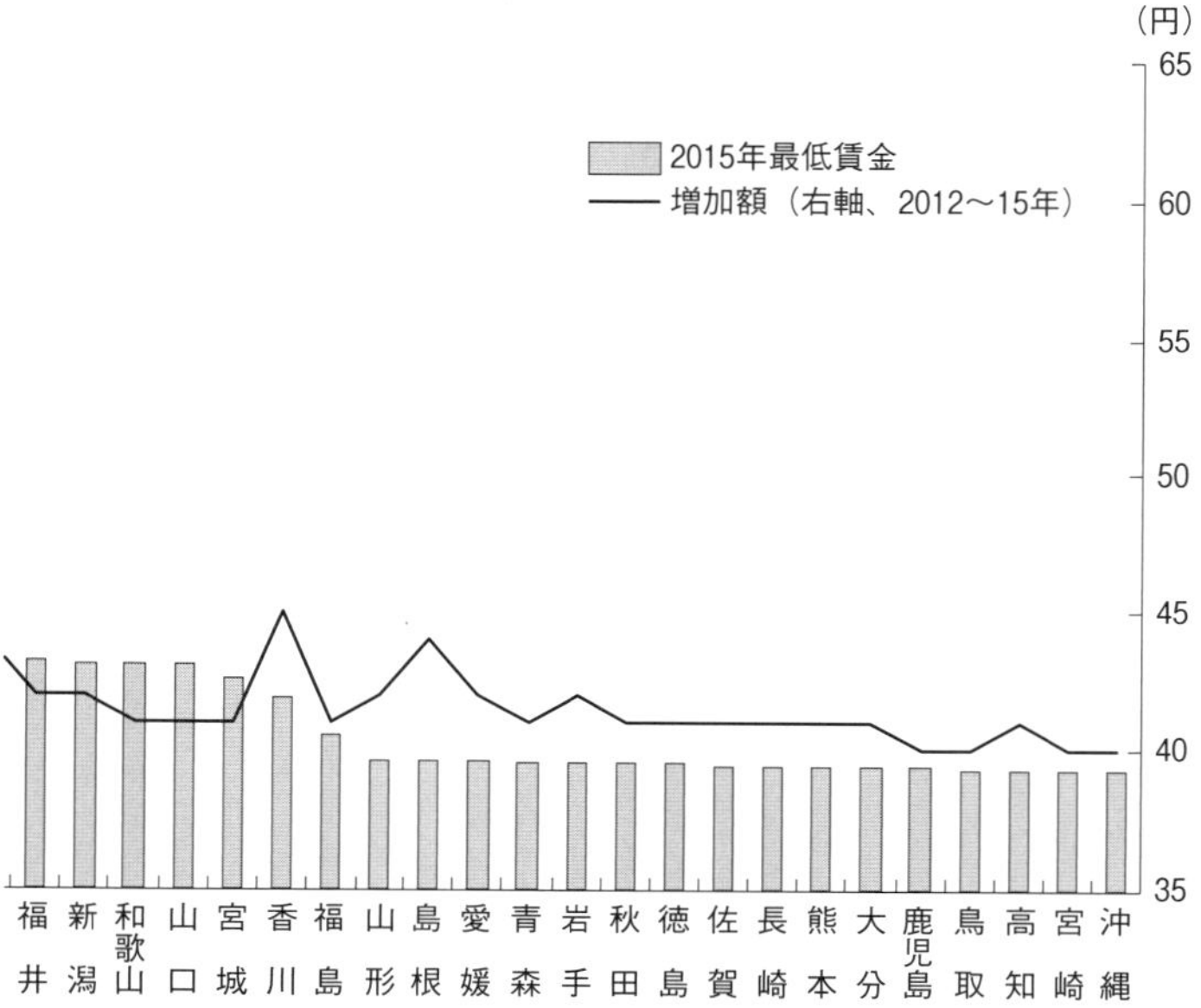

はかなりの差がある。つまりアベノミクス以降は、もともと賃金の高い地域で賃金が上がり、そうでない地域の賃金の伸びが緩慢なのである。

　このように、アベノミクスの景気回復期に、相対的に地方の賃金は上昇しなかった。地方で賃金が上がるには、何が必要であろうか。それを考えるには、まず、地方で賃金を支払っているのはだれなのかを確認しておく必要がある。

　図表序－3は、都道府県ご

図表序－2　都道府県の最低賃金

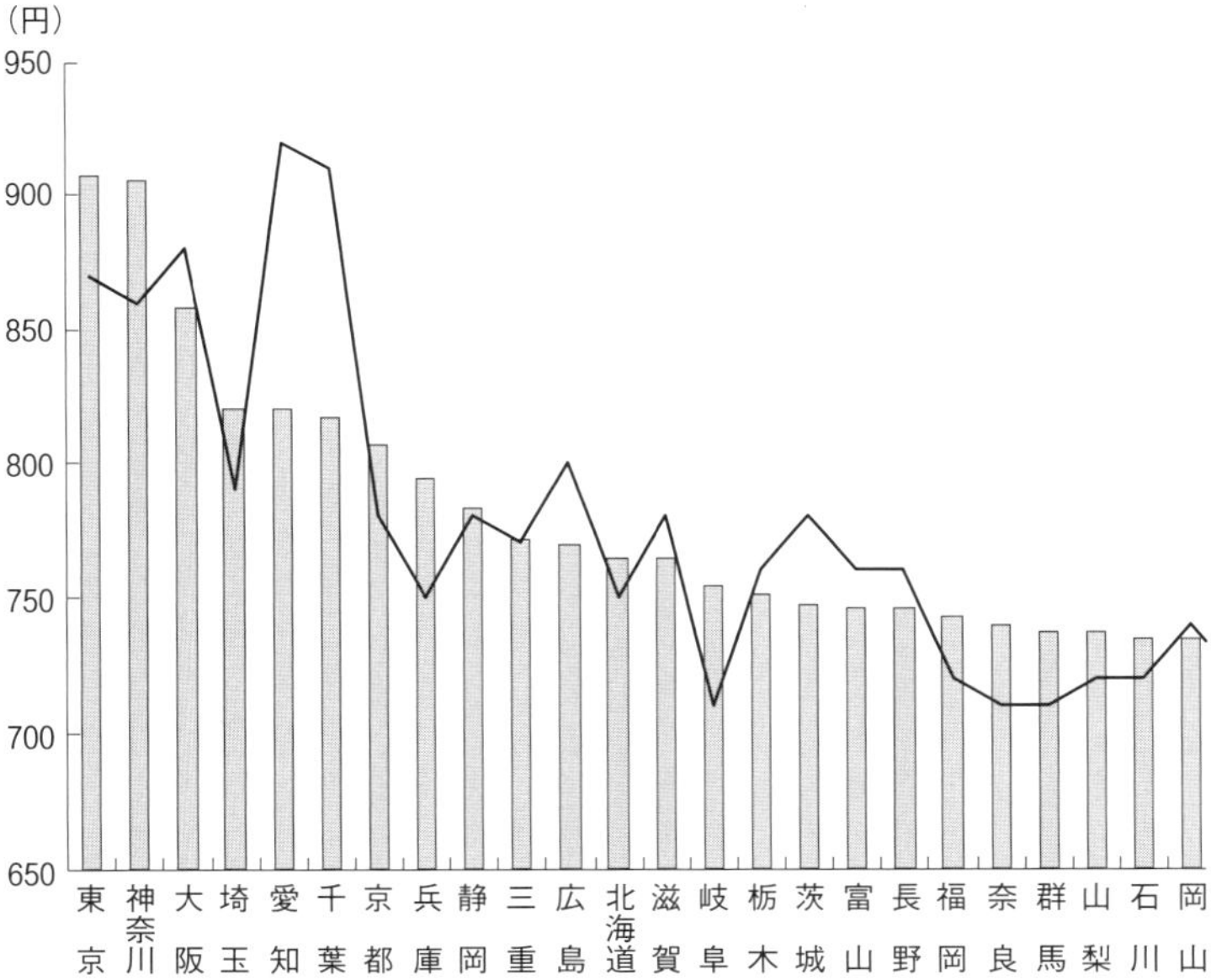

（出所）　厚生労働省資料をもとに筆者作成

とに、どの規模の企業で働いている従業者が多いかを示している。一極集中が進んでいる東京都をみると、大企業での従業者が五八・九％、中規模企業（中小企業のうち小規模企業を除いたもの）での従事者が三〇・一％、小規模企業での従事者は一一・〇％である。大企業の業績が回復すれば、大企業に勤めている人が約六割もいる東京で、平均的な賃金が上がるのは自然であろう。

一方で、日本全体でみる

図表序－3　都道府県ごとの企業規模別の従業者の割合

	中小企業				大企業		合計	
			うち小規模企業					
	従業者総数（人）	構成比（%）	従業者総数（人）	構成比（%）	従業者総数（人）	構成比（%）	従業者総数（人）	構成比（%）
北海道	1,239,770	85.2	473,607	32.5	215,677	14.8	1,455,447	100.0
青森県	315,974	91.1	126,730	36.5	30,826	8.9	346,800	100.0
岩手県	291,444	88.1	116,904	35.3	39,469	11.9	330,913	100.0
宮城県	496,876	85.1	186,263	31.9	86,865	14.9	583,741	100.0
秋田県	257,810	93.0	107,062	38.6	19,550	7.0	277,360	100.0
山形県	299,042	87.8	126,881	37.2	41,600	12.2	340,642	100.0
福島県	464,549	84.4	196,195	35.7	85,757	15.6	550,306	100.0
茨城県	645,167	87.9	279,979	38.1	89,096	12.1	734,263	100.0
栃木県	456,329	85.6	205,063	38.5	76,753	14.4	533,082	100.0
群馬県	524,067	80.7	218,953	33.7	125,349	19.3	649,416	100.0
埼玉県	1,343,724	80.8	551,382	33.1	319,890	19.2	1,663,614	100.0
千葉県	989,855	76.6	405,375	31.4	301,852	23.4	1,291,707	100.0
東京都	5,020,049	41.1	1,339,578	11.0	7,203,532	58.9	12,223,581	100.0
神奈川県	1,691,858	75.8	624,235	28.0	538,941	24.2	2,230,799	100.0
新潟県	636,313	85.2	257,821	34.5	110,347	14.8	746,660	100.0
富山県	314,353	83.6	119,834	31.9	61,624	16.4	375,977	100.0
石川県	337,105	87.4	135,976	35.2	48,786	12.6	385,891	100.0
福井県	236,882	88.9	102,583	38.5	29,534	11.1	266,416	100.0
山梨県	225,984	91.7	104,991	42.6	20,385	8.3	246,369	100.0
長野県	558,105	87.1	240,438	37.5	82,519	12.9	640,624	100.0
岐阜県	581,708	86.9	241,353	36.0	87,968	13.1	669,676	100.0
静岡県	1,013,362	82.9	404,404	33.1	209,359	17.1	1,222,721	100.0
愛知県	2,145,708	70.4	710,849	23.3	901,449	29.6	3,047,157	100.0
三重県	422,517	86.5	174,970	35.8	66,198	13.5	488,715	100.0
滋賀県	294,729	83.8	116,725	33.2	57,110	16.2	351,839	100.0
京都府	669,626	76.2	265,382	30.2	209,098	23.8	878,724	100.0
大阪府	2,726,933	66.4	930,059	22.7	1,378,261	33.6	4,105,194	100.0

兵庫県	1,237,175	81.0	476,572	31.2	290,982	19.0	1,528,157	100.0
奈良県	238,798	94.6	104,373	41.3	13,657	5.4	252,455	100.0
和歌山県	234,374	87.9	112,595	42.2	32,178	12.1	266,552	100.0
鳥取県	133,930	93.8	53,535	37.5	8,780	6.2	142,710	100.0
島根県	174,303	93.0	74,892	40.0	13,068	7.0	187,371	100.0
岡山県	476,216	85.4	177,127	31.8	81,613	14.6	557,829	100.0
広島県	778,091	78.6	276,394	27.9	212,012	21.4	990,103	100.0
山口県	327,843	82.1	128,914	32.3	71,590	17.9	399,433	100.0
徳島県	179,253	91.0	83,018	42.2	17,636	9.0	196,889	100.0
香川県	262,737	81.9	102,806	32.0	58,258	18.1	320,995	100.0
愛媛県	358,323	85.9	148,503	35.6	58,995	14.1	417,318	100.0
高知県	173,073	92.7	79,056	42.4	13,590	7.3	186,663	100.0
福岡県	1,258,259	75.1	439,151	26.2	416,289	24.9	1,674,548	100.0
佐賀県	195,939	92.3	79,823	37.6	16,283	7.7	212,222	100.0
長崎県	313,435	92.5	133,663	39.4	25,521	7.5	338,956	100.0
熊本県	396,851	90.9	164,961	37.8	39,601	9.1	436,452	100.0
大分県	275,070	85.4	114,227	35.5	46,951	14.6	322,021	100.0
宮崎県	253,075	92.4	110,666	40.4	20,819	7.6	273,894	100.0
鹿児島県	372,363	87.3	165,215	38.7	54,098	12.7	426,461	100.0
沖縄県	328,537	88.7	134,197	36.2	41,743	11.3	370,280	100.0
全国計	32,167,484	69.7	11,923,280	25.8	13,971,459	30.3	46,138,943	100.0

（注） 1．資料：総務省・経済産業省「平成24年経済センサス―活動調査」を再編加工。
2．数値は、会社と個人事業所の従業者総数を合算している。
3．常用雇用者300人以下（ゴム製品製造業は900人以下、旅館、ホテルは200人以下、卸売業、サービス業（ソフトウェア業、情報処理・提供サービス業、旅館、ホテルを除く）は100人以下、小売業、飲食店は50人以下）または資本金3億円以下（卸売業は1億円以下、小売業、飲食店、サービス業（ソフトウェア業および情報処理・提供サービス業を除く）は5,000万円以下）の企業を中小企業とする。
4．常用雇用者20人以下（卸売業、小売業、飲食店、サービス業（宿泊業、娯楽業を除く）は5人以下）の会社を小規模企業とする。
5．小規模企業の構成比は従業者総数合計に占める割合とする。
6．産業分類は、2007年11月改訂のものに準拠している。

（出所）中小企業庁『中小企業白書　2014年』705頁

と、大企業の従業者は三割程度である。しかも、これは東京や大阪を含めた平均値であり、実は、大企業の従業者が一〇％以下の県が、奈良県の五・四％を最低にして一二県もある。これらの県の労働者は、大企業の業績がよくなり、大企業の社員の給与が増えても、直接の恩恵を受けることは少ない。

(2) 中小企業による「質の高い」雇用の提供

アベノミクスによりこれまでのところ恩恵を受けてきた大企業は都市部の雇用を担っているのに対して、アベノミクスの恩恵をまだ受けていない中小・零細企業が地方部の雇用を担っているのである。したがって、都市と地方の格差は、大企業と中小企業の格差の問題でもあり、地方創生が目指すのは、「質の高い」雇用を中小企業が提供できる状況を創ることだと言い換えることもできる。

大企業の業績回復のメリットを受けるために、大企業の工場を誘致することが手っ取り早いように思われるかもしれない。しかし、大企業を誘致したいのは全国どこの自治体も同じなので、優遇策の競争になってしまう。補助金の大きさを争っていては「ゼロ・サムゲーム」に陥るだけになる。しかも、せっかく誘致したところで、大企業の工場は省力化が進んでおり、規模の割に従業員の人数は少ない。

さらに、大企業にとって工場立地の選択肢は日本国内に限られないので、優遇策を上乗せしてコストの安さで国内勢に勝っても、海外に勝つことはむずかしい。大企業の誘致競争に挑むなら、地域の「ひと」や「まち」の魅力で勝負したいところである。

大企業の工場誘致は有効な手段のように思われるが、大企業の工場が地域の事情とはまったく関係のない理由で閉鎖になり、そのために地域の経済が深刻なダメージを受けるといったニュースをみかける機会が多い。仮に大企業が立地するようになると、地元の中小企業と地元人材の取り合いになり、地元企業の人材のレベルが低下してしまうかもしれない。一つの事業所に過度に依存してしまうと、ショックに非常にもろくなってしまう。多くの企業によって雇用が支えられている地域のほうがショックに強いのは当然であろう。

以上より、大企業に依存することにもさまざまな弊害があることは認識しておくべきである。少なくとも、地域金融機関が主導する地域創生総合戦略は、地元企業の生産性の向上を第一に考えるべきであろう。

3 地方創生は地域金融機関にとっての試金石

付加価値や生産性を継続的に高めていくのは中小企業自身の責任であるが、多くの中小企業がこれまで必死に努力をしてきた結果が現在の窮状である。この窮状を乗り越えるには、新たな取組みが必要である。

だれが地域の中小企業の生産性向上の努力を応援できるだろうか。国や地方自治体が取り組むのは当然として、地域金融機関が大きな役割を担うべきだ、と筆者は考えている。顧客企業が衰退してしまえば、直接的には不良債権が増えるし、将来の融資先がなくなってしまう。したがって地域金融機関が存続していくために、顧客企業への支援強化が不可欠であることは当然であろう。もっとも、この点では地域密着型金融（リレーションシップバンキング）の展開ということで、近年、熱心に取り組まれてきた。

しかし地域金融機関に求められることは、単に顧客企業の再生の支援だけにとどまらなくなってきている。地方創生総合戦略では、地域金融機関が自らの顧客の経営改善をすることだけではなく、地域経済全体の生産性の向上を図るうえでの司令塔かつ実行部隊としての役割を地域金融機関に求めるようになっている。

たしかに、たとえば地方の商店街の多くが疲弊している。シャッター街のなかの一つの商店だけを支援しても、経営改善の可能性はきわめて少ない。街全体としての魅力を高めないと、個々の商店の再生もむずかしいのはよく理解できるだろう。そのために、「地域の面的再生への積極的な参画」（中小・地域金融機関向けの総合的な監督指針）が求められているのである。

ただし、地域経済を守っていくということは、地域で生きる地域金融機関にとっては自らのためでもある。新規企業が生まれ、育ってくる地域経済という土壌が壊れてしまえば、地域金融機関の事業基盤は先細りしてしまい、生きていけないのである。しかも、各地域の人口減少や高齢化は急速に進んでおり、この対応は急がなければならない。産業の種火が消えてしまえば、冷え切ってしまったところから新たに火をおこすことはますます困難になる。

金融業務と関係のない、厄介な仕事が降ってきたと否定的にとらえていては、本気度の高い地方創生の取組みにはならない。新しい取組みだけに、できない理由を見つけることは簡単である。しかし、地方創生ができなければ、自らがどうなるかを考えてほしい。筆者は、地方創生への取組みは地域金融機関にとっての試金石だと考えている。

本書の第2章では、地域金融機関、特に地域で大きなシェアを占める地銀の新しいあり方として「コントリビューション・バンキング」の理念を提唱しているが、これは、自治体の相談に受け身に応じることからさらに一歩進んで、地域のあるべき姿を金融機関自身が考え、関係者を巻き込みながら、地域をつくっていく銀行業のあり方を指している。同章で詳述しているとおり、企業をみていれば十分だった時代から、地域全体を考えなければならない時代へと事業環境が変わっているのである。

4 従来の「金融」の領域を大きく超える社会的要請

(1) 地域企業の経営体制の改善と地域中核企業のグローバルイノベーターへの脱皮

「まち・ひと・しごと創生基本方針2015―ローカル・アベノミクスの実現に向け

て―」（同年6月）をみれば、地域金融機関に対する社会的な要請が従来の「金融」の領域にとどまらず、広範囲に及んでいることがよくわかる。

まず、金融に近いところでは、次のような方針が示されている。

「地域企業が更なる成長を目指し「攻めの経営」に転ずることができるよう、地域企業の評価指標の確立、リスク性資金（エクイティファイナンス、メザニンファイナンス）の充実等を進める。また、地域企業における必要な経営改善、事業再生のための抜本的な対応、円滑な事業整理や第二創業等への取組、担保・保証に頼らない融資や資金提供者を通じたガバナンスの強化等を推進する」

ここに示されていることは、これまで金融機関が実行してきた本業支援とほぼ同じである。注目したいのは、この箇所のタイトルが「地域企業の経営体制の改善」となっている点である。つまり、政策推進の目的が「地域企業の経営体制の改善」であり、そのための手段として金融機関による本業支援があるということである。本業支援を行って生産性を高めるという、目的と手段が明確に位置づけられているのである。

次に、**「地域中核企業のグローバルイノベーター企業への脱皮」**を実現するために、**「国内各分野の先端を行く地域中核企業と産官学金各分野の連携を強化する」**ことが計画されている。これは、これまで地域金融機関が行ってきた産学（官）連携やビジネスマッチングのよりいっそうの拡充を求めているものと理解できる。域外の大企業の工場を誘致してくることよりも、地域の中核企業が牽引して地域経済の活性化を図るという、地方創生の王道への要請であるといえる。

(2) 観光業への期待と観光分野への積極関与

先にサービス業の生産性の向上が地方創生の不可欠な課題だと述べたが、サービス業のうちでも、外需を取り込める観光業への期待はどの地域でも高まっている。

本書の第4章では、地銀の観光分野への積極関与を提唱するが、「まち・ひと・しごと創生基本方針2015」では、観光分野での地域金融機関への要請が随所に行われている。たとえば、各地の観光地としてのブランディング戦略の確立を図るために、**「日本版DMOと連携した地元地域金融機関と日本政策投資銀行（DBJ）による民間事業化支援（資金、経営面で観光産業をサポート）の在り方について検討を促す」**とされている（注1）。

筆者は二〇一五年秋に、地方創生のための交付金の審査に携わったが（注2）、重要な審査ポイントとして、「民間事業者やＮＰＯ等との官民協働により、事業の継続性、経済的な自立性を目指すものであること」が定められていた。もちろん、補助金の受給が目的化してしまっては本末転倒ではあるが、観光業の振興においても地域金融機関が主体的にかかわらないと地方自治体が補助金すら受けられない時代となっているのである。

図表序—４には、その交付金の採択事例から、地域金融機関の関与が重要な要素になっている事業をいくつか取り出したものである。金融機関の関与の仕方としては、もちろん投融資を行うという伝統的な責任の果たし方が重要であるが、それ以外の幅広い非伝統的な関与が予定されている事例も多いことが理解できよう。

（注１）　日本版ＤＭＯ（Destination Management/Marketing Organization）とは、さまざまな地域資源を組み合わせた観光地の一体的なブランドづくり、ウェブ・ＳＮＳ等を活用した情報発信・プロモーション、効果的なマーケティング、戦略策定等について、地域が主体となって行う観光地域づくりの推進主体を指す。

（注２）　地域活性化・地域住民生活等緊急支援交付金（地方創生先行型）先駆的事業分（タイプⅠ）（二〇一五年一一月結果公表）の「観光分野」の評定委員を務めた。

図表序－４　地方創生の先駆的事業のうち地域金融機関の関与例

自治体	事業名称	概　　要	金融機関の関与
青森県	青森ライフイノベーション戦略ステップアップ推進事業	産官学金が連携して、地域の医療課題を解決する機器の研究開発や商品化の支援、人材育成プログラム、ヘルスケアビジネスに関するモデル実証、次世代健康食品や化粧品の開発、プロテオグリカンのブランド力向上等を通じて、企業の新規参入を促し、ライフ関連産業の創出と集積による地域経済の成長を促進する。	金融機関は、ライフ関連産業や販路に関する情報提供、事業者の経営効率化や経営基盤強化に向けた支援等を行っていく。
茨城県	グローバルニッチトップ企業育成促進プロジェクト	今後の成長分野である医療・介護分野における機器の開発・普及に取り組む潜在的な成長力のある企業を対象に、病院、大学、研究機関、金融機関、行政等からなる推進組織も立ち上げながら、ビッグデータを活用した技術シーズの把握、金融面・技術面や市場導入への助言、医療関連機器の試作品開発、医療・介護施設での導入補助、海外販路開拓等の入口から出口まで一貫した総合的な支援を行う。	金融機関は、機器開発における採算性や資金計画について助言し、病院は、医療関連機器の試作品のデータ収集に協力する。

鳥取県、島根県	山陰版DMO広域観光推進事業	山陰両県が一体となり、「観光地経営」の視点に立った山陰版DMOの設立に向け、DMOの機能・規模等の検討、外国人観光客の動態調査等をふまえた山陰広域の周遊ルートの検討を行う。	観光事業者をはじめ交通機関、金融機関等の民間事業者が参画する組織とし、民間ノウハウを活用した官民連携組織の設立・運営を目指す。
広島県	せとうち観光（せとうちＤＭＯ）推進事業	2013年４月に立ち上げた、瀬戸内７県（山口県、広島県、岡山県、兵庫県、香川県、愛媛県、徳島県）で構成する瀬戸内ブランド推進連合を、2016年４月をメドに瀬戸内エリアのDMOとしてマネジメントできる組織「一般社団法人せとうち観光推進機構」へ発展改組するため、全体戦略策定などの円滑な移行に向けた推進体制を整備するとともに、受入環境の整備、滞在型コンテンツの充実、広域観光周遊ルートの形成などのインバウンド対策を行う。	金融機関は、民間事業者の事業化、事業拡大を支援し、継続的な事業推進を支援する。
高知県	高知版CCRC構想策定等事業	高知県への移住者は、現在、20代～40代が中心となっているが、今後は50代～70代のシニア層も大きな	民間事業者は、事業実施時における事業主体として、また、金

		ターゲットととらえ、アクティブシニアの受け皿として、全国に先駆けて立ち上げた「高知版CCRC研究会」において、社会保障費負担や経済波及効果等のシミュレーション、ビジネスモデルの検討等をふまえた「高知版CCRC構想」を策定し、県内の市町村の検討の土台を構築する。	融機関は、民間投融資を通じて、高知版CCRCの実現に取り組む。
山口県	創業するなら山口県推進事業	女性創業者へのコンサルティングのために地元金融機関や地元企業が共同設立する「女性創業応援やまぐち株式会社」の設立補助（2016年度以降は自立的な経営体制へ移行）と女性創業セミナーの開催、UIJターン者向けの創業支援事業等を通じた創業支援体制を構築する。	女性創業応援やまぐち株式会社は、民間企業や金融機関等で構成する強みを生かして、経験に基づいた創業セミナーや創業者に対して、販路開拓や軌道に乗るための経営指南などアドバイザー役を担う。

（出所） 内閣府地方創生推進室「地域活性化・地域住民生活等緊急支援交付金（地方創生先行型）先駆的事業分（タイプⅠ）で特徴的な取組事例」（2015年12月11日）より筆者作成

(3) 地域全体のプランニングへの貢献――地域企業・産業の成長戦略策定促進

議論を元に戻すが、ここまで紹介したのは、特定の企業・産業への支援であった。ところがいまや、地域全体のプランニングへの貢献が正面から地域金融機関に求められている。これが、地方創生総合戦略の新しさの一つである。

たとえば、「まち・ひと・しごと創生基本方針2015」は、**「地域企業・産業の成長戦略策定促進」**を次のように定めている。

「人材・資本を集中的に投じていく分野を地域関係者と明確に共有し、「人材戦略拠点」や地域金融機関の持つビジネスマッチング機能等と連携しつつ、地域企業・産業の成長戦略策定を促す」

具体策として、**「都市のコンパクト化」**といった地域行政そのものの課題について、**「戦略の企画や策定の段階から、各都市で事業活動を行う地域経済界や、金融機関等必要な投融資を行う主体の参画を促す」**ことが盛り込まれている。また、**「まちづくりにおける官民連携の推進」**のために、**「企画・策定の段階から、地域経済界や市民団体、金融機関等必要な投融資を行う主体など、地域に関わる産官学金労言の幅広い合意と協力を得る」**ことが目指されている。

政府の文書であるので主語は地域金融機関とはなっていないが、地域金融機関に地域の成長戦略の策定や実施の重要部分を担ってもらうことを期待していることは自明である。

5 金融行政も地方創生を積極推進

金融庁の金融行政は、かつてのように金融機関の健全性を厳格に重視して、リスクをとることを抑制するスタンスから、適切なリスク管理を前提にしながら、地域金融機関が積極的にリスクをとって地方創生に貢献することを期待するスタンスに転換しているように見受けられる。

たとえば、「平成27事務年度　金融行政方針」では、具体的重点施策の一つとして、「企業の価値向上、経済の持続的成長と地方創生に貢献する金融業の実現」(傍線は筆者)を掲げている。そして、地域金融機関に対して、「取引先企業の事業の内容や成長可能性等を適切に評価(事業性評価)し、融資や本業支援等を通じて、地域産業・企業の生産性向上や円滑な新陳代謝の促進を図り、地方創生に貢献していくこと」を期待している。しかも、その際、「営業地域における顧客層のニーズを的確に捉えた商品・サービスの提供を行う」だけではなく、「地域の経済・産業を支えていくことが求められる」と述べており、金融庁も、個々の顧客に対してだけではなく、地域全体に対する責任を明示的に地域金融機関に求めるようになっている点に注意が必要である。

以前は、経営不振だが潜在力のある取引先企業を地域金融機関が支援したいと思っても、金融行政が障害になっていた面もあった。しかし、いまやそうした取組みを阻むどころか、金融行政は積極的に取り組むことを促している。地方創生を行いたかった金融機関にとっては、可能性が大幅に広がったのである。

6 地方創生こそ地域金融機関の目指すもの

もし読者が地域金融機関にお勤めなら、自機関の経営理念を思い起こしてもらいたい。

図表序－5は、筆者が勤務する神戸大学のある兵庫県内の地域金融機関の経営理念や経営

図表序－5　兵庫県内大手地域金融機関の経営理念・経営方針（抜粋）

みなと銀行：	経営理念「地域の皆さまとともに歩みます」
但馬銀行：	経営方針「営業の公共性を重んじ、地域社会の発展に奉仕する」
尼崎信用金庫：	経営方針「金融機関本来の使命の達成に邁進し、金庫の繁栄、職員の幸福、地域社会への貢献を通じてわが国経済の発展に寄与する」
播州信用金庫：	経営理念「地域の皆様に奉仕すること」
姫路信用金庫：	基本理念「地域社会に貢献し共生する」

（注）　兵庫県内の預金量8,000億円以上（2014年３月末）の地域金融機関。
（出所）　各金融機関のホームページより筆者抜粋

方針を抜粋したものである。各金融機関の経営理念や経営方針に、「地域への貢献」が含まれていることが確認できる。

この機会に、自機関の社史を振り返ってほしい。地方創生として地域への貢献を正面から求められると、荷が重いと腰を引きたくなるかもしれないが、実は、先人が苦労して地域銀行や信用金庫・信用組合等をつくったのは、地域経済に貢献するためだったはずである。すなわち、地域金融機関には地方創生のＤＮＡが流れているはずである。

7 始まった地域金融機関による地方創生への取組み

国の地方創生総合戦略を受けて、各自治体で地方版総合戦略の策定が行われている。まだ取組みは始まったばかりであるが、「まち・ひと・しごと創生本部」の調査（二〇一五年七～八月調査）によると、金融機関の約七割が地方公共団体の策定作業に（広い意味で）関与しており、地方公共団体側からみると九割を超える自治体の総合戦略に金融機関が関与している（注1）。そして、金融機関の約七割が、地方創生に向けて、専門チームの立上げや関連部署・窓口の明確化などの態勢整備を実施ずみである。

ただ、関与の方法として多いのは、「総合戦略推進組織等に参加」や「事務ベースの意見交換・協議に参加」（いずれも約六割）であり、「地域経済や企業実態等に関する分析・調査に協力」ができているのはまだ二七％にとどまっており、さらに「基本目標・ＫＰＩの策定、ＰＤＣＡサイクル整備等へ関与」は一三％のみである。地方版総合戦略を実効性のあるものにしていくために、いっそうの関与が期待されるところである。実際に、地域全体を銀行がプラニングして、その実現のために地方自治体に積極的に働きかけている例も出始めている（注2）。

産業振興に深くコミットした例としては、鹿児島銀行のオリーブ事業がある。鹿児島銀行は、大手企業の工場が撤退することで苦境に陥った鹿児島県日置市に対して、当地で育成する新産業の提案を行うため、農業関連分野の事業調査を実施し、最終的に「オリーブ事業」を提案した。その提案を実現するために、地方自治体との役割分担を行い、鹿児島銀行は「加工・販売業者の誘致」と「事業スキームの構築」を担当することになった。そこで、鹿児島銀行は、職員二名をイタリアおよびスペインへ約二カ月間も派遣するなどして、「事業スキームの構築」を行った。そうした鹿児島銀行の取組みから地元金融機関としての本気度が関係機関に理解されて、自治体や民間会社の協力が広がり、現在、実際にオリーブ事業が立ち上がっている。

部分的にせよ、狭い「金融」の世界から、地域金融機関の活動領域は広がってきているのである。

（注1）「まち・ひと・しごと創生本部」が金融機関に対して実施した「地方創生への取組状況に係るモニタリング調査」（モニタリング実施時期：七月下旬から八月上旬）に基づ

く（二〇一五年一〇月公表）。都銀等（3メガ、3メガ信託、新生、あおぞら、りそな、埼玉りそなの一〇行）、地方銀行（六四行）、第二地方銀行（四一行）、信用金庫（二六七金庫）、信用組合（職域を除く一三七組合）、政府系金融機関（四行庫）の計五二三金融機関すべてが回答している。

（注2）まち・ひと・しごと創生本部「地方創生への取組状況に係るモニタリング調査結果〜地方創生に向けた金融機関等の「特徴的な取組事例」〜」（二〇一五年一二月公表）。

8 未来型リレーションシップバンキングの実現に向けて

ここで、地域金融機関が歩んできたビジネスモデルの変遷と今後の進むべき方向性を、図表序－6のように整理してみた。

(1) 高度経済成長の終焉とバブルの勃興・崩壊

まず高度経済成長期には、資金不足の顧客に資金を提供することこそ地域の課題を解決することであり、そのために当時の金融機関の職員は必死に預金を集めてきた。預金さえあれば、企業に資金を提供できるからである。そして、たくさんの借入希望者から優良な顧客を選ぶのが金融の役割でもあった。優良な顧客に資金が優先的に回れば地域の生

図表序－6　地域金融機関のビジネスモデルの発展

高度経済成長期	・企業：投資機会は多いが、資金不足 ・資金供給のために預金確保が課題、良い顧客を「選ぶ」金融（簡単）
平成不況	・企業：資金も不足するが、収益力が低迷 ・資金供給で自律回復を待つ、「時間稼ぎ」の金融 ・貸出継続（貸渋りをしない）のためには、金融機関の健全性が重要
初等段階のリレバン	・企業：環境の複雑化、収益低迷の長期化 ・一見問題があっても良い先を見極める（実態の目利き）
中等段階のリレバン	・企業：将来展望失われる、自力では解決困難な問題＝ネットワーク化 ・相談を受けたら、助言・情報提供。「待ちの」課題解決型金融
高等段階のリレバン	・（相談がなくても）企業の課題を見抜いて、積極的に提案 ・本業の収益力を高めるハンズオンの支援「育てる金融」「教育金融」
未来型リレバン	・企業と金融機関が共に育つ「共育金融」へ ・さらに、地域の多数の企業と力をあわせて育つ「協育金融」へ

産性は高くなるので、そのこと自体は地域の経済のためでもあった。

高度経済成長が終わると、預金は集まる一方で、借り手が減ってきたために、こうした枠組みの金融は次第に成り立たなくなってきた。しかし、バブルの波に乗った不動産業や建設業などへの貸出増加で、一時的な対応をとってしまったのは周知のとおりである。

バブルが崩壊して平成不況に陥ると、金融機関は取引先企業の業績悪化に対して、当初は時間稼ぎのための資金供給を続けた。一方で、株式や不良債権の処理損がふくらみ、金融機関自身の健全性の維持が重要な課題となってしまった。一部の金融機関では貸渋りをせざるをえないほどに追い込まれた。

(2) リレバンは「初等段階」から「中等段階」へ

二〇〇〇年頃になると中小企業の収益低迷は継続し、表面的な業績だけをみる限りでは貸せる企業が見当たらない状況となってしまった。この時期に、金融庁の音頭取りもあり本格化したのがリレーションシップバンキング（以下、リレバン）のビジネスモデルである。業績回復の可能性のある企業とそうでない企業を区別するために、金融機関には「目利き」能力を高めることが求められるようになった。取引先の実態をよく理解するという銀行取引の基本があらためて強調されるようになったのである。これへの取組みを、筆者は「初等段階のリレバン」と位置づけている。

ところが残念ながら、実態を正しくとらえるだけでは、融資可能な企業はそれほど多くないことがわかってきた。つまり、中小企業の業績不振は一時的な景気の動向によるものではなく、構造的なものであり、抜本的な本業の収益力の改善が必要だと認識されるようになってきたのである。抜本的な再生に努力する企業から相談を受けたら、金融機関は助言や情報を提供できるように変わり始めた。課題解決型金融の始まりではある。しかし、これはあくまでも「相談を受けたら」という「待ちの」姿勢に終始しており、初等段階を超えてはいるものの、「中等段階のリレバン」と位置づけられよう。

(3)「教育金融」から「共育金融」「協育金融」へ

そして二〇一三年頃から本格化してきたのが、金融機関が積極的に顧客の課題を見つけて、一緒にその課題を解決していくという「育てる金融」である。顧客から相談を受けなくても顧客の課題を見つけて、先回りして課題を提示し、さらには困難な再生の道筋を企業とともに伴走する地域金融のビジネスモデルである。これは、「待ちの」リレバンを超えているという意味で「高等段階のリレバン」と位置づけられる。今日、各地域金融機関は高等段階のレベルのリレバンが推進できるように人材の育成に努めている。

地方創生で提唱されているのは、この「育てる金融」（教育金融）のさらに先である。つまり、これまでは顧客だけをターゲットにして支援を考えてきたが、これからは地域全体をマネジメントしていく責任を担うのである。これが、地方創生を目指す日本で求められている「未来型リレバン」である。目指すべきは、地域のために地域金融機関が働き、そのことによって地域金融機関も発展するという「共育金融」あるいは「協育金融」である。

着実にリレバンのレベルを上げてきた地域金融機関にとって、いよいよ最高レベルの挑戦が始まったのである。

9 本書の構成・展開

本書では、地方創生の意義や本質を明確化し、地方創生に挑む地域金融機関のとるべき戦略・方向性を具体的に提示していくとともに、金融機関職員を対象に実施したアンケート調査結果をふまえて、人材育成や人事評価のあり方をも提言していく。

まず序章で地方創生の意義・概念を概観し、地方創生に向けて地域金融機関が取り組んできたリレバンのさらなる高度化が必要であることを主張した。そのうえで、第1章では「地銀への期待とその多面性」について総論的に言及する。

第2章は第1章を受けるかたちで、リレバンのさらなる高度化の具体像として「コントリビューション・バンキング」の概念とモデルを提示する。続く第3章〜第5章では、地方創生に向けて地域金融機関、特に地銀がとるべき戦略を具体的に提言していく。

そして第6章・第7章では、地方創生の実現と地域金融機関の生き残りに向け、金融機関職員を対象にしたアンケートの調査結果をもとに、地域金融機関の人材育成と人事評価の実情と課題を浮き彫りにしていきたい。

最終章では、第6章・第7章で取り上げたアンケート調査結果を参考に、共著者同士で実施した対談を掲載して締め括ることとしたい。

第1章

地銀への期待とその多面性

伊東　眞幸

1 地銀に対する期待が高まっている——その意味合い

本節の小見出しにあるとおり、「地銀に対する期待が高まっている」と切り出すと、「それは以前からそうであり、何もいまに始まったことではない」という声が聞こえてきそうである。筆者自身、地銀が従来もさまざまな局面で、社会からおおいに期待された存在であることを否定する気はさらさらない。ただ、社会・経済環境が大きく変化するなかで、そうした期待がさらにふくらみ、また、その領域も従来以上に拡大しているといいたいのである。

しかしながら、「地銀は期待されている」といった場合に、どういう意味合いにおいて期待されているのかは、それを語る人によって大きく異なる。たとえば、①特定の地域のなかでの一定の役割を期待する人もいれば、②日本社会全体のなかでの地銀の位置づけという意味合いでこの言葉を使う人もいるだろう。そしてまた、③特定の地銀が今後も力強く発展してほしいということをいっているのだという人もいるかもしれない。

私事になるが、筆者のところに、地元の大学から「「地域金融論」を半年の特別講義として教えてほしい」という要望が舞い込み、二〇一五年秋から教鞭をとることになった。最初は「地方銀行の役職員として長く経験を重ねてきたのだから、その一端でも披露すれば、なんとかなるのではないか」と高を括っていたのだが、いざ具体的な授業の柱建てを考える段になると、これが意外とむずかしい。

学生諸君が基本的な「金融論」で金融に関する基礎知識を学ぶとすると、この「地域金融論」では、金融論の講義をふまえ、地方銀行をはじめとした地域金融機関の役割、すなわち社会における地域金融機関の〝存在意義《レーゾンデートル》〟を教えなければならないことになる。ただ、筆者はこれまで金融論を系統立てて学んだ経験もなく、また、これから勉強するにしては、あまりにも時間がなさすぎる。したがって、「地銀が社会からどう期待されているのか」「それに対してどう応えていくべきか」を中心に講義を組み立てていこうと考えている。そして、それは間違いなく、地域金融機関の役割、すなわち社会における存在意義を結果として説明することになると信じている。

そこで本章では、地銀への期待およびその前提となる地銀の役割・存在意義について、筆者なりの考え方を述べてみたい。

2 地銀への期待——三つの切り口

一口に「地銀への期待」といっても、その焦点の当て方により、内容が大きく異なるのは先に述べたとおりである。

その一つは、日本国全体として考えた場合の見方である。すなわち日本国全体で考えた場合に、首都圏や地方の中核都市を含めた、いわゆる都市部だけでなく、全国津々浦々の地域経済が活性化するよう、そしてそこに住む人々がつつがなく暮らせるよう、その血液となるべき地域金融はうまく機能してもらわなければならず、その主要な担い手として地銀に頑張ってもらいたい、という期待であり、「日本全体のマクロ的な期待」であるといえよう。

二つ目は、それぞれの地方が、その地域のさまざまな事情により抱えている弱点を補い、強みを生かす方策を考えていくなかで、地域特有の産業や企業、さらにはそこに住む人々、あるいはそうした地域社会全体に、適切な金融機能を提供してもらいたい——そうしたなかで、地銀はその中心的な役割を果たしてほしいという期待、すなわち「地域ミクロ的な期待」である。

そして最後は、地銀が全体として、あるいは個々の地銀として、これまでどのように成長・発展してきたのか、そして金融環境が大きく変化するなかで、今後どのような成長・発展を目指すべきか、という「個別戦略論的な期待」である（図表1－1参照）。

以下、それぞれについて、少々詳しく論じてみたい。

3 日本全体のマクロ的な期待

(1) 円滑な資金供給

日本全体のマクロ的な期待は、これまでもさまざまな角度から述べられてきたが、その代表格は、中小企業に対して「円滑な資金供給」

図表1－1　地銀への期待

①　日本全体のマクロ的な期待
②　地域ミクロ的な期待
③　個別戦略論的な期待

を行ってほしいというものであろう。

すなわち、資金調達力の弱い中小企業に対して、地銀はその社会的な必要性にかんがみ、十分な資金供給を行ってもらわなければ困るというものであり、特に年末・期末などにその社会的な期待・要請が強まるのは周知のとおりである。

日本全体における中小企業のプレゼンスの大きさ、そしてほとんどの地域における中小企業の重要性にかんがみれば、これはある意味、当然なことといえよう。そして、中小企業と日頃からいちばん接点のある地銀が、そうした役割を強く期待されているのも自然なことである。したがって、こうした期待・要請に対しては、地銀はこれまでも真摯に対応してきたし、これからも同様な対応を図ることが必要であろう。

(2) リレーションシップバンキングの実践

また、地銀に期待されるビジネスモデルはリレーションシップバンキング（注）（以下、リレバン）であり、こうしたことが十分理解され、日頃の業務のなかでしっかりと実践してほしいという期待は、現在もなんら変わらない。

（注）　顧客との間で〝親密な関係〟を長く維持することにより、顧客に関する情報を蓄積し、この情報をもとに貸出等の金融サービス提供を行うビジネスモデル。

中小企業にとって、リレバンがきわめて相性のいいビジネスモデルであることは間違いない。しかも、顧客との間で親密な関係を長く維持することにより蓄積された情報（経営者の能力・性格や当社の技術力等）をもとに、融資判断を行える地銀こそが、リレバンの真の担い手であることにも異論はないであろう。

もとより地銀は、地域に根差し、地元の中小企業と末永く付き合うことを目標にしている。したがって一過性の理由で、たまたま二期連続して赤字になったとしても、すぐに融資を引き揚げるようなことはせず、逆に職員を当該企業に出向させて、その立直しを図るなど、中小企業に寄り添いながら、積極的に協力してさまざまな問題を解決してきたのである。

その意味で、これまで地銀はまさにリレバンを黙々と実践してきたわけであるが、今後については、蓄積された情報をもとに融資を行うだけでなく、当該企業に必要なコンサルティングを提供するなど、資金繰り以外の取引先の悩みなどについても積極的に対応し支援していくことが必要であろう。

(3) 将来有望な創業間もない中小企業の発掘・育成

そして三つ目は、地銀は将来有望な「創業間もない」中小企業に対し、その技術力、ビジネスモデルの独創性、経営者の強いリーダーシップ等を十分に調査し、その優位性・独創性が確信できるのであれば、ある程度のリスクはしっかりとりながら、適切な融資を積極的に行ってほしいという期待である。

これは、何も地銀に「社会貢献をせよ!」といっているわけではない。そうしたことが将来、翻って自行の発展の礎になるという、いわば未来に向けた「投資」となるという考え方である。

一般的に、企業が繁栄を謳歌できる期間は平均して三〇年といわれている。しかしながら変化の激しい今後においては、これがさらに加速することが予想される。仮に現在繁栄する企業が、今後とも弛まぬ努力を続けていくとしても、将来起きるであろう技術革新の急激な進展、グローバルマーケットにおける需要動向の急激な変化等によっ

図表1－2 「日本全体のマクロ的な期待」における具体的視点

①	円滑な資金供給
②	リレーションシップバンキングの実践
③	将来有望な創業間もない中小企業の発掘・育成

て、きわめて短期間のうちに衰退することも十分に考えられる。

これはある意味、地銀にとってはどうしようもないことであり、唯一、地銀にできることといえば、将来の有望株である若い企業を発掘し、育てる努力をするということである（図表1－2参照）。

4 地域ミクロ的な期待

(1) 地域の特殊性をふまえた柔軟な対応

地域の独自性に由来するさまざまな影響を受け、問題を抱える企業に対し、地銀は、全国的・画一的なやり方ではなく、地域の実情をふまえた柔軟な対応を図ってほしいというのが、地域ミクロ的な期待の第一点である。

たとえば、ある地域に特定の産業集積があり、その産業の景気循環が全国的なそれと必ずしも一致しない場合、当該産業やそこに属する個々の企業を支える地銀がある意味、画一的な融資判断・自己査定等を行っていては、その地域の真のニーズに応えることはむずかしい。

バブル崩壊後、地銀が不良債権を早期に処理することが求められた時代に、業績が悪化した老舗旅館を地元の取引先として数多く抱えた地銀が、自己査定の際、おおいに苦労したのは記憶に新しいところである。このような場合、当該取引先に対する融資判断・自己査定については、全国レベルでの基本認識を十分に理解・共有しつつも、その地域がもつ特殊事情等も十分に勘案しながら、柔軟な対応を図っていくということが現実的な解であり、地銀としては、そうしたことを今後もしっかりと実践していくことが必要であろう。

(2) 地元地域からの協力要請に対する長い目でみた判断

二つ目は、地銀は地元地域の活性化のため、地元の地方公共団体（以下、地公体）や各種経済団体等からのさまざまな協力要請に対して、積極的に応じてほしいという期待である。

地元地域との強いつながりのなかで生きていくという意味において、地銀と地公体はある意味、地域のパートナーであり、そのかかわりあい方については、拙書『地銀の未来――明日への責任』（金融財政事情研究会、二〇一五年三月）において詳しく述べている。

地元の地公体や各種経済団体等から、さまざまな協力要請が地銀に寄せられているのは事実であり、また、そうしたことに一つひとつ応えていくことは現実的になかなかむずかしいのも事実である。しかしながら地銀にとって、地元地域そのものが中長期的に活性化していかなければ、自行の将来が覚束ないのも事実である。

したがって、地元からのさまざまな協力要請に対し、あまり目先の損得でその是非を判断するのではなく、そうした案件が地元地域の中長期的な活性化に大きく貢献するか否かを真摯に検討し、長い目で判断することが肝要であろう。

(3)「地方創生」への参画・貢献

そしていちばん新しいテーマは何といっても、地銀は――本書のテーマでもあるが――「地方創生」に積極的に参画し貢献してほしいという期待である。地方では、限られた時間のなかで、地方創生の中身を検討しなければならないため、ともすると、比較的短期間で効果が表れやすく、だれもが理解しやすい等、ある意味、画一的なものをその主要な柱建てにしがちである。

しかしながら各地域の歴史・文化・伝統、さらには蓄積された技術力・ノウハウ等の経営資源は、当然のことながらそれぞれ異なり、それを画一的な枠組みのなかに無理やり押し込んでしまっては、本来の地方創生の趣旨がまったく生かされないことになる。したがって、各地域のこうした経営資源をうまく組み合わせ、それぞれの地域経済が独自色のある内発的発展を遂げられるような計画を立てることこそが、きわめて重要なのである。

要するに、地元地域の産・学・官が協力し、地元に蓄積された経営資源をうまく活用しながら、より付加価値の高い、そして全国にも通じるブランド力のある商品・サービスを具体的に考え、生み出し、提供していくのである。

こうしたなかで、地元の地銀はどのように参画・貢献をすべきであろうか。まずは資金面の手当における貢献が頭に浮かぶが、ただそれ

図表1－3　「地域ミクロ的な期待」における具体的視点

①	地域の特殊性をふまえた柔軟な対応
②	地元地域からの協力要請に対する長い目でみた判断
③	「地方創生」への参画・貢献

だけではない。すなわち、そうした経営資源に対する理解を深めるとともに、できあがった商品・サービスをいかに効果的に対外発信し、ブランドとして確立するかについて、地元のステークホルダーと真剣に検討し、積極的に協力することが重要である（図表1－3参照）。

5 個別戦略論的な期待

一つの地銀が、今後、どう成長・発展していくかを考えることはきわめて重要であるとともに、その取引先にとっても、自らのメインバンクが将来にわたり力強く発展してほしいと期待するのは当然であろう。

近年、個別の地銀のそうした戦略論は、合併・経営統合といった枠組みのなかで論じられることが多いが、筆者は拙書『地銀連携――その多様性の魅力』（金融財政事情研究会、二〇一四年五月）、『地銀の選択――一目置かれる銀行に』（同、二〇一四年九月）で、目的別の地銀同士の連携と、それと同時に、自行の進むべき道の「選択と集中」を確実に行うことの重要性を説いている。

　オーバーバンキングが叫ばれるなか、地銀同士の合併・統合といった選択肢が、あたかも必然的であるかのような風潮もないわけでもないが、そうした選択を行った後、経営の効率化を目指すあまり、結果として、地銀に寄せられる「地域ミクロ」的な期待、すなわち「重要な役割」が果たせなくなる危険性があることも認識しなければならない。

　つまり合併・経営統合後の合理化により、地銀の拠点や渉外人員が減らされ、取引先との密なる双方向のコミュニケーションがうまくとれなくなってしまうと、地銀としての重要な役割が果たせなくなり、結果として、地域の期待に十分応えられなくなる危険性がある、ということである。

　そして、こうした地域ミクロ的な期待、すなわち重要

図表1－4　「個別戦略論的な期待」における具体的視点

①　合併・統合の選択肢を必然と考えるべきか？
②　合併・統合後の合理化により「地域ミクロ」の重要な役割を果たせなくならないか？
③　ミクロの役割を果たせなくなると、「日本全体のマクロ」の役割も果たせなくならないか？
④　両者の役割を果たせなくなると、「地域」「日本全体」の活性化は望めなくならないか？

な役割が果たせなくなると、当然のことながら、その地域の活性化が望めなくなるだけでなく、結果として「日本全体のマクロ」的な期待――重要な役割をも果たせなくなる可能性があるということである。そして、それにより日本全体の活性化も望めなくなるのである。日本全体のマクロの話は地域ミクロの話の積上げであり、お互いが完全に独立した関係にないどころか、両者はきわめて密接にかかわっていることを考えれば、当然の帰結であるといえよう（図表1－4参照）。

＊　＊　＊

このように、地銀への期待は、一見するとその多面性はあるものの、その本質は「地銀は、地域の活性化を図ることにより、日本全体の活性化に貢献し、ひいては、そのこと自体が自らの将来の成長にもつながる」ような戦略・行動を一貫してとってほしい、ということであろう。

逆に、そのような戦略・行動がとれないならば、地銀は各方面から寄せられた期待や重要な役割を果たすことができず、結果として、社会における存在意義は薄れ、無に帰してしまう可能性が十分にあると考えるのである。

続く第2章では、序章で論じたリレバンの高度化を意欲的に体現した姿として、「コントリビューション・バンキング」の概念とモデルを提示することとしたい。

第2章

地銀はリレバンだけで十分か
――コントリビューション・バンキングの勧め

伊東　眞幸

1 リレバンがもつ三つの機能・役割

地銀のビジネスモデルである「リレバン」とは、いうまでもなく「顧客との間で〝親密な関係〟を長く維持することにより、顧客に関する情報を蓄積し、この情報を基に貸出等の金融サービスの提供を行うことで展開するビジネスモデル」というものである。そしてこのリレバンは、次の三つの意味で重要な機能・役割を果たしている。

第一に、地銀との間にできあがった厚い信頼関係をもとに、その取引先である企業は、あまり短期的な目標にはこだわらずに、本来行うべきことにじっくりと腰を据えて取り組める、ということである。

たとえば企業自身、抜本的な構造改革を行う必要があると認識している場合でも、トランザクションバンキング（注）を実践・重視する金融機関をメインバンクとする企業は、二期連続して赤字を出すほどの大胆な構造改革を行うことには躊躇せざるをえない。なぜならば、理由はともあれ二期連続して赤字を出すこと自体、メインバンクから厳しい目でみられるからである。しかし、リレバンを実践する地銀をメインバンクとする企業の場合は、当然のことながらこうした制約はない。

（注）リレバンとは対極的な銀行取引形態のこと。顧客との親密な関係（リレーションシップ）やそれに基づく定性的情報ではなく、個々の取引（トランザクション）ごとに収益性や健全性など財務面の定量的情報を重視し、主として大手銀行が採用するビジネスモデルである。

第二に、仮に大きな経済環境変化が起きた場合でも、リレバンを着実に行っている地銀の主たる営業地盤においては（ただし、当該地銀の地域内シェアが圧倒的で、その地域のリーディングバンクであるという条件がつくが）、当該地域経済を支える企業基盤が急激に崩壊するリスクは少なくなり、比較的安定したかたちでの着地（ソフトランディング）が期待できる、ということである。

これはいうまでもなく、当該地銀による取引先企業に対する強力なサポートと、その結果としての取引先企業の財務の安定がそれを可能にするのである。そして、こうした地域の行政を受け持つ地公体にとっても、こうしたことを行える地銀はきわめて心強い存在となるのである。

第三に、リレバンを行っている地銀自身が、そうしたビジネスモデルを愚直なまでに実践することにより、他の金融機関と差別化し強い優位性を発揮できる、ということである。

これは、取引先との間にできあがった厚い信頼関係を考えれば、当然の帰結といえよう。そして、当該地銀と取引を行うことによる顧客の安心感・信頼感というものは、口コミ等により当該地銀の未取引先企業の経営者にも伝わり、結果として当該地銀のレピュテーション向上や有力な潜在顧客開拓が図られることになる。

2 人口減少社会の本格的な到来

このように、取引先にも地元にもそして地銀自身にも多くのメリットをもたらしているリレバンではあるが、人口減少社会の本格的な到来とともに、ステークホルダーにおけるその位置づけや評価は微妙に変化してきている、いや、より正確にいえば、リレバンが社会に認知されて以降、経済社会環境が大きく変わり、それに伴うさまざまな要因により、リレバンの位置づけや評価が変化してきた、といったほうがよいのかもしれない。

その要因の第一は、取引先自体の主たる関心事が、リレバン導入当初の「当面の資金繰りをいかに付けるか」ということから、「今後、どのように売上・収益を維持・発展させるか」という点に移ってきているということである。

企業である以上、資金繰りの重要性は嫌というほどわかってはいるが、バランスシートの健全化がある程度進んだ現在、いわゆる危機モードにあった経営者が冷静さを取り戻し、自社の将来のあり様をあらためて考え直すということは、ある意味当然のことなのかもしれない。こうした流れのなかで、企業は自らの営業地盤である地元経済の活性化に期待を寄せるとともに、金融機関に対し、自社の売上拡大に直結するようなビジネスマッチング等、トップライン向上策を強く希望するようになる。

第二は、地元の地公体の状況の大きな変化である。すなわち、東日本大震災、笹子トンネル天井板落下事故に象徴されるようなインフラ老朽化とその影響、そして、ここ数年の大型台風等による深刻な被害等の後、地公体はインフラ整備をはじめとして、やるべき仕事が急増・山積している。そして、それらを本格的に行っていくためには莫大な資金が必要となり、近年の社会保障費の急増とあわせて歳出面での大きな圧迫要因となり、地公体を悩ませている。

一方、歳入面に目を転じると、長引く不況に加え、長年行われてきた減税、さらには住民の高齢化に伴う給与所得者から年金受給者への大幅な移行等が、地公体の税収を大きく減少させている。こうしたなか、早急に地元経済を活性化させ、税収を増やすことが地公体にとって喫緊の課題となっている。

第三は、地銀自身の問題である。取引先にとり、リレバンはいまもなお大変魅力のあるビジネスモデルであるのだが、社会に認知されてから相当の年月が経過し、取引先サイドにおいて、その有用性の認識がやや希薄化しているきらいがある。そのため地銀は、リレバンを実践するだけで他行と差別化し優位性を発揮することに、むずかしさを感じるようになってきている。

そして地銀は、自行の取引先の企業体質を強化するうえで、リレバンがきわめて有用であることはよく理解してはいるものの、そうした取引先の主たる営業地盤である地元経済が疲弊し弱体化してしまえば、その基盤のうえに立つ取引先のビジネス自体が危うくなることにも、密かな危機感を抱いているのである。

3 地元経済活性化・発展の担い手

賢明な読者であれば、取引先も地公体も、そして地銀自身も、地元経済の活性化・発展が何よりも重要になり、必要になっているということはすぐご理解いただけると思う。そして次なる問題は、そうした活性化・発展をだれの手によって行うのか、ということになる。

第一の考え方は、取引先が行うということである。取引先も民間の一企業として、可能な範囲で地元経済の活性化・発展に貢献・参画することは必要であろう。たとえば、地元の経済団体に属し、他の企業と共同で地元発展に協力することはできるかもしれない。また、取引先が本業において、地元にかかわるビジネスを強化し、結果として地元経済を活性化することも可能かもしれない、しかしながら、それにもおのずと限界はある。

第二の考え方は、地元の地公体が行うということである。前述したように、地元経済の活性化は、その税収の増加に直結することから、地公体にとってはまさに死活問題であり、現在、多くの地公体が税収増加に向けてさまざまな工夫を凝らし努力している。こうした地元経済の活性化については、「内発的発展で行うべきである」「産業クラスター政策をとるべきである」等々、これまで国内でもいろいろな議論があり、国においても歴史的にさまざまな政策がとられてきているのも事実である。

しかしながら現状、地公体において行われている施策で圧倒的に多いのは、なんといっても企業誘致であり（その中長期的効果について賛否両論があるのは承知しているが）、それ以外に期待できそうな施策がなかなか見つからないのも事実である。その意味では、地公体の施策にもおのずと限界があるということになる。

そして第三の考え方は、それを地元の地銀が行うということである。地銀はリレバンで、これまでもそうしたことを十分に行ってきたではないか、という声も聞こえてきそうである。たしかに、地銀は自行の取引先にしっかり寄り添い支援することに従来も注力しており、そうしたなかで取引先が元気になり、地元において業績が向上した結果として、地元経済が活性化したということはあったかもしれない。

しかしながら、地銀が直接的に地元の経済活性化に取り組むということはほとんどなかったと思われる（もし、そうした取組みをしている地銀があったとしたら、ご容赦いただきたい）。さらに、どうして地銀がそうしたことを行わなければならないのか、地銀にとって何かメリットはあるのか等、さまざまな意見が予想されるが、以下、これまでの地銀の置かれた経営環境等も振り返りながら、こうした点に関する考察を深めていきたい。

4 これまでの地銀経営

高度経済成長時代、地銀は出店さえすれば預金は集まり、かつ健全な借り手を探すのにそれほど苦労することはなかったため、ある意味で収益は保証されていた。ただし、旧大蔵省による出店規制は続いていたため、地銀にとっては他行に比し、いかに比較優位な出店ポイントを確保できるかが重要な問題であった。すなわち、金融ビジネスのパイは順調に拡大しており、その分け前をいかにライバルより多く勝ち取るか、が地銀にとって大きな課題であったのだ。

バブル崩壊後、多くの企業や家庭が新たな投資を控えたこともあり、失われた二〇年と呼ばれる状況が続く。しかし、この時期は金利も右肩下がりで低下していったことから、これまで住宅ローンの主たる供給源であった住宅金融公庫（当時）の固定金利ローンの肩代わりという、大きなビジネスチャンスを地銀にもたらした。

また、こうした低金利は当時、国民経済に徐々に浸透し始めた「貯蓄から投資へ」という大きな時代の流れと相まって、個人預金者が投資型商品を購入する際に強く背中を押す結果となった。そしてこうしたモメンタムは、これから投資型商品販売を営業の柱の一つにしようと認識し、行動し始めた地銀に営業戦略変更のドライブをかけるきっかけとなり、結果として地銀に新たな収益の柱をもたらしたのである。

こうした時代には、金融ビジネスの「既存のパイ」は拡大しなかったが、住宅ローンについていえば、金利低下という環境変化のなかで、幸運にも地銀はその分け前の再配分に預かることができた。また投資型商品についていえば、そうした環境変化に加えて、大きな時代の流れが、誕生したての「新たなパイ」の重要性を地銀に認識させ、しっかり向き合うきっかけをつくらせたということかもしれない。そして、住宅ローンや投資型商品がどれだけ売れるかによって、地銀の収益が大きく左右されたことから（当然、住宅ローンはリスク・リターンを見極めながらではあるが）、そうした個別商品販売の営業力をいかに強化するかが、地銀にとって大きな課題であった。

5 パイを拡大させる

しかしながら今後は、黙っていても金融ビジネスの「既存のパイの拡大」「パイの分け前の再配分」、そして「新たなパイの誕生」が起こるということは期待できそうにもない。いや、それどころか人口の急激な減少は、日本経済全体に、そして金融ビジネス全体に大きな負の影響を及ぼすのは必至である。こうした厳しい時代においては、地銀にとっていかなる課題があり、生き残っていくために自ら何をしなければならないのであろうか。

結論からいえば、いかに金融ビジネスの「既存のパイ」を維持・拡大し、また、「新たなパイ」を見出せ

図表2－1　各時代における地銀の課題

時代	課題
①　高度経済成長時代	マーケットとしてのパイは順調に拡大しており、その分け前を、ライバルよりいかに多く勝ち取れるか
②　バブル経済崩壊後	住宅ローンや投資型商品といった個別商品販売の営業力をいかに強化できるか
③　今　後	自ら汗を流し、努力を行うことによって、いかに「既存のパイ」を維持・拡大し、「新たなパイ」を見出せるか

るかが大きな課題であり、地銀はこれに向けて精一杯努力すべきだということである（図表2―1参照）。

6 地元活性化・発展への「貢献・参画」

筆者は『地銀の未来――明日への責任』（金融財政事情研究会、二〇一五年三月）において、地銀は自らが地盤とする地元において、さまざまな期待を寄せられていると述べた。そして、そうした期待にすべて応えることはむずかしいものの、地元の将来の発展に寄与すると判断できるものについては、極力その期待に応じるべきだと論じた。

なぜ、そうすべきなのか。筆者は何も地銀に「ボランティアやCSRを行え！」「奉仕せよ！」といっているわけではない。自ら営業地盤とする地元経済が活性化し発展すれば、金融ビジネスのフィールドは着実に拡大し、そこで商売をしている地銀にも必ずメリットがあるはずであり、そうしたことへの応分の負担・投資を行うべきだと説いているのである。逆にいえば、地元を営業地盤としている地銀にとって、そうした地元経済の活

図表２－２　地元経済の活性化・発展への地銀のかかわり方

	姿勢	形態	具体的内容
従　来	受け身	協力	地元からのさまざまな期待のうち、「地元の将来の発展に寄与すると判断できる」ものについては極力応じる
今　後	戦略的・積極的	貢献・参画	自行の将来の発展の糧・拠り所となる地元経済活性化・発展に向け、応分の負担・投資を行う

図表２－３　地元経済の活性化・発展への戦略的・積極的な貢献・参画

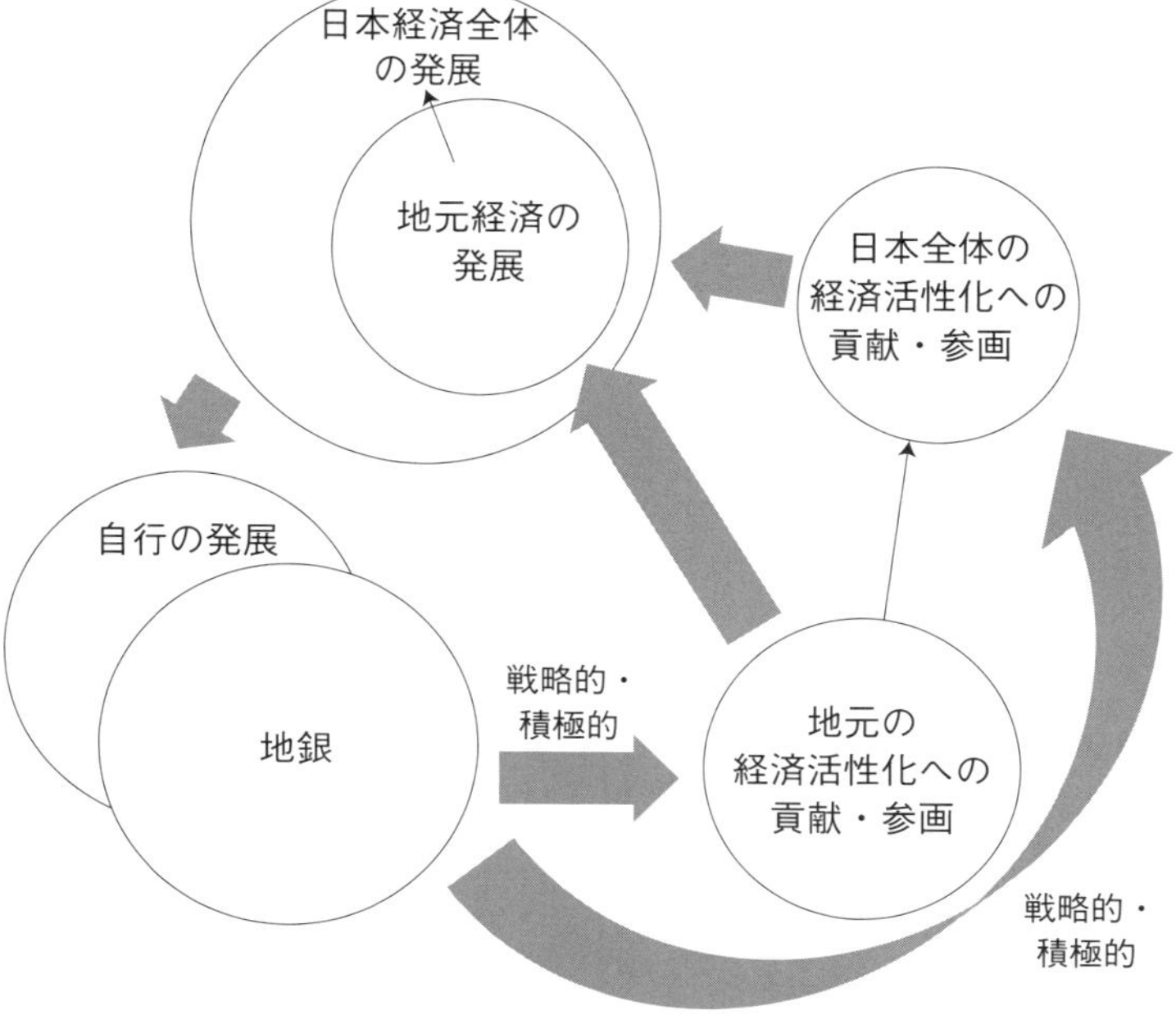

性化・発展なくして自らの発展など到底望めない、ということなのである。

そして、こうしたことが将来の自らの発展の糧・拠り所だとするならば、これを決して受け身で行うのではなく、戦略的かつ積極的に行うべきである。またそうであるならば、これは地元経済活性化・発展への「協力」などというのではなく、むしろ積極的に「貢献・参画」すべきであると考えるのである（図表2－2、2－3参照）。

7 新しいビジネスモデル ――コントリビューション・バンキング

⑴ 地銀の積極的関与でWin-Winの関係構築

筆者は、前項で述べた「地元経済活性化・発展への積極的な貢献・参画」という考え方は、地銀にとってはある意味、目指すべきビジネスモデルの一つであると考える。

リレバンというビジネスモデルの基本的な考え方は「取引先と長く密度の濃い付合いを

するなかで、定性的な面を含め、お互いを深く理解し合う」ということであろう。したがって、このリレバンの基本的な考え方をしっかり理解しさえすれば、地銀の役職員が、いつ、どのような状況で取引先と接しても、この考え方に沿った行動をとることができるはずである。そしてそうだからこそ、取引先も安心して地銀と取引をすることができ、結果としてお互いがＷｉｎ-Ｗｉｎの関係になることができるのである。

一方、この新しいビジネスモデルの基本的な考え方は、「地元経済活性化・発展に戦略的・積極的に貢献・参画することにより、結果として自らも発展する」ということである。

筆者は本章5において、今後、地銀は自ら金融ビジネスの「既存のパイ」を維持・拡大し、「新たなパイ」を見出す努力をしなければならない、と論じた。そして、地元経済活性化・発展を目指した積極的な貢献・参画という行動は、地元における金融ビジネスの「既存のパイ」の維持・拡大や、「新たなパイ」の発見に対し、間違いなく直接的・間接的なプラスの影響を与えるはずである。

したがって今後、地銀が生き残っていくために自ら行っていかなければならないこととは、とりもなおさず地元経済活性化・発展に積極的にかかわること――すなわち、この新しいビジネスモデルを実践すること――にほかならないのである。そしてこの新しいビジネスモデルは、前述したように地元の取引先や地公体がまさに必要とし、強く望んでいることでもあるのだ。

(2) リレバンとは親和性が高く補完性も強い

筆者は、この新しいビジネスモデルを「コントリビューション・バンキング」と呼ぶことにする。すなわち、このモデルは「自ら戦略的・積極的に企画立案・行動することにより地元経済活性化に貢献・参画し、将来の地元経済ならびに日本経済全体の発展、ひいては自行の発展をめざすビジネスモデル」であると定義できる。

賢明な読者はすでにおわかりのとおり、現在、地方創生において示されている、地銀に対するさまざまな期待に積極的に応えていくためには、そして、こうした状況のなかで地銀がさらに存在感を高めていくためには、このビジネスモデルに対する深い理解と徹底した実践が何よりも重要となるのである。

リレバンが、取引先（主として企業）との取引の仕方・付合い方において、地銀らしい

図表2－4　3つのビジネスモデル

	① コントリビューション・バンキング	② リレーションシップバンキング		③ トランザクションバンキング
1．対象機関	地銀	地銀		大手行
2．内容	自ら戦略的・積極的に企画立案、行動することにより地元経済活性化に貢献・参画し、将来の地元経済ならびに日本経済全体の発展、ひいては自行の発展を目指すビジネスモデル	顧客との間で親密な関係を長く持続することにより、顧客に関する情報を蓄積し、この情報をもとに、貸出等の金融サービス提供を行うビジネスモデル	↔	個々の取引ごとの採算性を重視し、貸出にあたっては、財務諸表や客観的に算出される定量的な指標を重視するビジネスモデル
3．特徴				
—対象	地元	取引先		取引先
—態様	「貢献・参画の仕方」	「取引の仕方」「付合い方」		「取引の仕方」「付合い方」
4．親和性	②との親和性は高い	①との親和性は高い		①との親和性は低い、②とは対極のモデル

ビジネスモデルであるとすれば、コントリビューション・バンキングは、自らの営業地盤である地元への貢献・参画の仕方において、地銀らしいビジネスモデルであるといえよう。

そして、リレバンとコントリビューション・バンキングは、なんら対立する概念、競合する選択肢ではなく、人口減少という大きな環境変化のもとで、地銀が他の金融機関と差別化を図り生き残っていくために必要な、親和性が高く、かつ補完性の強い、きわめて有用な二つの独立したビジネスモデルであるといえよう（図表2－4参照）。

8 リレバンとコントリビューション・バンキングの関係

前項で「リレバンとコントリビューション・バンキングは、親和性が高く、かつ補完性の強い、二つの独立したビジネスモデルである」と述べた。しかしながら、「はじめに」を読んでいただければご理解いただけるように、筆者が家森先生と対談をさせていただいた時の先生の言葉をヒントにリレバンとコントリビューション・バンキングの関係を再考し、コントリビューション・バンキングはリレバンと独立のビジネスモデルではなく、リレバンを深化させたものととらえることもできると考えるようになった。

まず、前述したようにリレバンは「顧客との間で親密な関係を長く維持することにより、顧客に関する情報を蓄積し、この情報をもとに貸出等の金融サービスの提供を行うことで展開するビジネスモデル」であると一般的に理解されている。こうしたリレバンの考え方が提起された時期は、いまだ金融機能が不安定であった二〇〇三年頃であり、その後、当局の指導や各地銀の努力もあり、リレバンは徐々に地銀に浸透していった。

ただ、その後、本章2でも述べたように、バブル経済崩壊により受けた傷が癒えるとともに、多くの企業は資金繰りがきわめて逼迫した状況から抜け出し、どちらかというと自社の将来を見据えた「さまざまな構造改革」や「トップラインの増強」に興味が移り、それに伴い、取引行である金融機関に求めるサービスの内容も、「一にも二にも円滑な資金供給をしてほしい」から、「円滑な資金供給を含めて、さまざまなニーズに的確に応えてほしい」へと徐々に変化していった。

すなわち、自社で人事制度が未整備であると考えれば「人事制度の構築」を、組織体制が時代にあっていないと考えれば「組織見直し」を、そして毎年の業務計画だけでは近視眼的過ぎると考えれば「中期経営計画の策定」を、また、現状の販売先だけでは今後の成長がおぼつかないと考えれば「新規販売先の開拓」や具体的な「M&A案件への取組み」を、コンサルティング・サービスの提供というかたちで支援してほしいということである。

「そうしたことは何も金融機関に頼まなくても、それぞれ専門のコンサルティング会社があり、そうしたところに頼めばいいではないか」と考える向きもあるかもしれない。しかしながら、取引先の将来を考えながら、それら複数の課題解決策を整合させ、全体的な施策をバランスよく構築していくためには、会社全体の状況をトータルで俯瞰できる情報と能力が必要になる。すなわち、個別の課題を別々のコンサルティングで「部分最適」として解決するのではなく、すべての課題をいったん視野に入れ、そのうえで整合性のとれたかたちで「全体最適」としてバランスよく解決することが必要である。そして、そのためには、取引先にかかわるさまざまな情報を網羅的に把握すると同時に、それらを有機的に融合させて業務を行うことができる能力をもつことが必要だということである。

そして、その担い手がメインバンクである地元の地銀になることはきわめて自然なことなのである。すなわち、地銀は取引先にニーズがあれば、さまざまなコンサルティングやビジネスマッチング、そしてM＆Aの仲介などのサービスを的確に提供していく必要があるということである。

こうした考え方は当局も共有していると思われ、近年の「顧客密着型金融」や「地域密着型金融」という考え方のなかで説明された地銀の進むべき方向性は、いま筆者が述べたベクトルとほぼ一致しているものと思われる。そうした意味で、当初、定義された「リレバン」は時代の変化とともに深化して「次のステージ」に移行し、地銀は従来にも増して「ハイレベルな業務」の実践を求められている。

ところが、こうしたことは自行あるいは自行グループ内に一定水準の知識と経験を積んだ人材を、ある程度の数、抱えていなければ簡単にできるものではなく、したがって、すべての地銀が決断しさえすれば、今日からでもすぐに始められるというものではない。

そんなことをいうと、当局からは「だからこそ、ずいぶん前から、そうした人材を早く育成し、具体的な成功体験を積んでおくよう指導してきたではないか」とお叱りを受けるかもしれない。しかしながら、事実として、当初の定義での「リレバン」はしっかり実践しているものの、深化した、よりハイレベルな業務については、まだまだできているとはいえない地銀が多いのが現状であろう。ただ、「できないから仕方がない」ですむことではなく、地銀は取引先から期待されている以上、こうしたことをしっかりと実践していくことが必要であり、そこにこそ地銀の「存在意義」があると理解すべきであろう。

そして、地銀がそうした、よりハイレベルな業務を行っていくためには、時代の変化とともに自らの果たすべき役割が変化してきており、それは当初定義された「リレバン」とは質的にもかなり違うものだということを、組織全体として理解し、共有することが必要であろう。そのためには、思い切ってビジネスモデルの名称を変更してはどうか、そして、その名称は「コントリビューション・バンキング」にすべきではないかと筆者は考えるのである。

すなわち、「コントリビューション・バンキング」とは、「自ら戦略的、積極的に企画立案、行動することにより地元経済活性化に貢献・参画し、将来の地元経済ならびに日本経済全体の発展ひいては自行の発展を目指すビジネスモデル」であると筆者は述べた。地銀にそうしたビジネスモデルの採用を促す背景としては、取引先ニーズの変化、地元の地公体の状況の変化、地銀自身のサービス差別化の必要性があげられる（本章2）。こうしたことは地銀に対してリレバンの変化、あるいは「顧客密着型金融」「地域密着型金融」が求められるようになった背景と共通することから、リレバンの深化によって求められるビジネスモデルも「コントリビューション・バンキング」ととらえていいのではないかということである。

したがって、「コントリビューション・バンキング」には二つの要素があり、前述した要素に加えて「顧客に対する深い理解とそのニーズに基づき、さまざまな切り口からタイムリーな支援を行うことにより顧客の業績伸展を図り、結果として自行の存在感・役割の向上、そして、その発展を図るビジネスモデル」という要素もあるということになる。コントリビューション・バンキングとは、リレバンの考え方を取り込みながら、それを深化させ、拡張したものといえるのかもしれない（図表2－5参照）。

筆者は「地方創生」という言葉を初めて耳にした時、なんともいえない違和感を覚えた。すなわち、創生とは本来「生みだす」「つくりだす」という意味であり、すでに存在している「地方」と組み合わせて使う「地方創生」という言葉に、なんとはなしに違和感を覚えたのである。しかしながら、その実質的な意味合いは、時代が変化していくなか、地方が生き残っていくためには、今後、そのあり様を変えていかなければならず、そのために地方をどのように「つくり変え」ていくのか、どういう新しいものを「付加し」ていくのかを考えていくということなのであろう。

地銀についても同様に、時代が大きく変化していくなかで経営環境が今後ますます厳しくなっていくことが予想される。そういう状況のもと、地銀が今後生き残っていくためには、地元と取引先の発展のために積極的に「汗をかく」ことが必要であり、その両者にとって地銀が「なくてはならない存在」になることがいちばん重要なのである。そして、そのためには、地銀は何よりも「コントリビューション・バンキング」を愚直に実践していくことが必要であ

図表2－5　リレバンとコントリビューション・バンキング

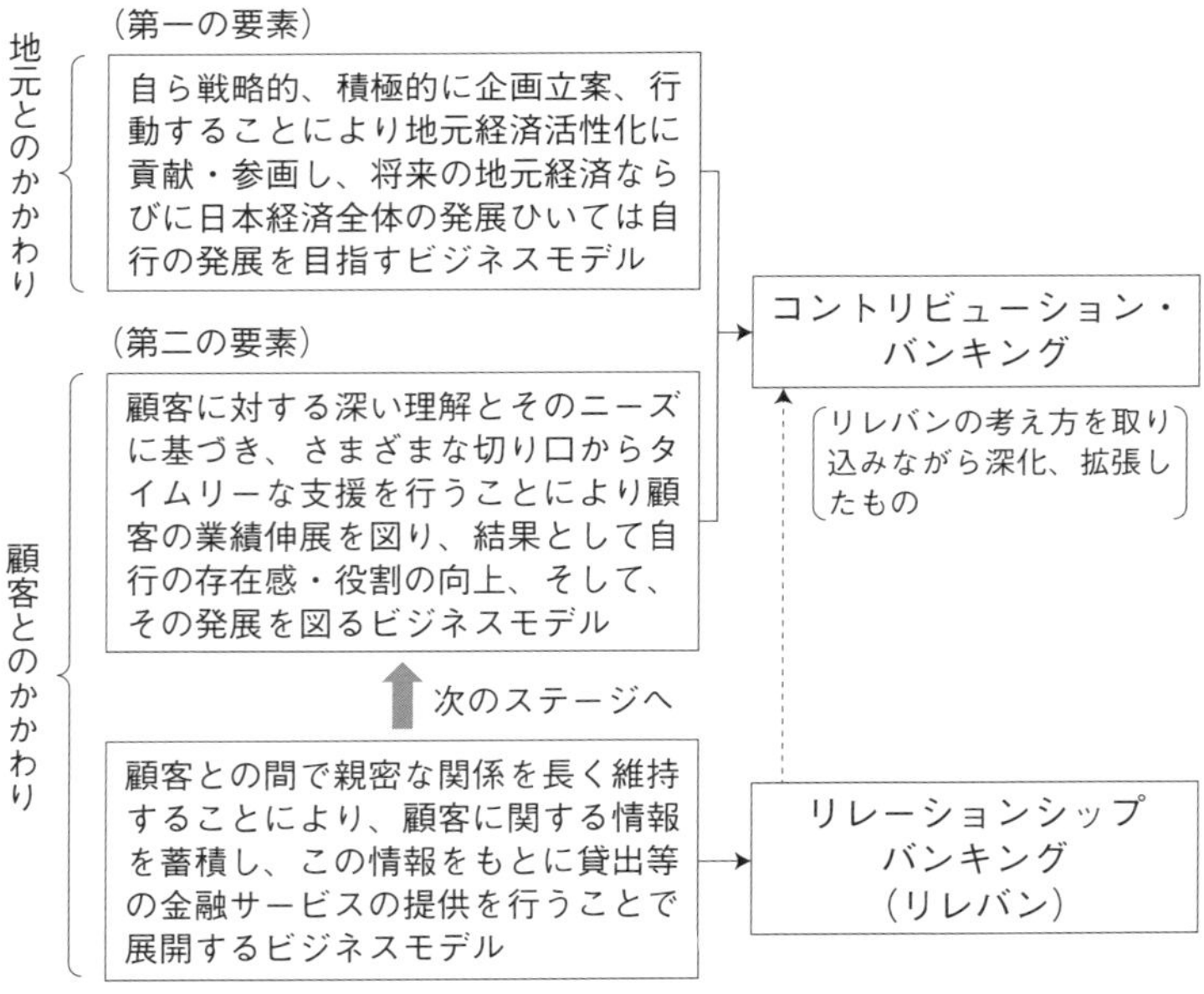

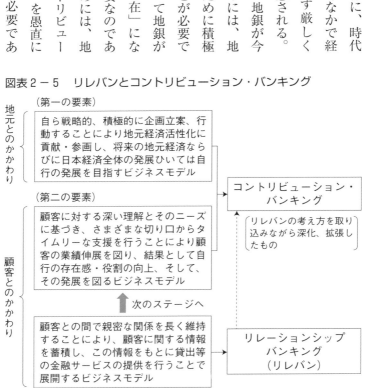

り、それによって自らを「つくり変え」、新しい機能・魅力を「付加し」て、「地銀創生」を果たしていくべきであると筆者は考えるのである。

第3章

地方創生と地銀の役割①
――「ゼロ・サム」から「プラス・サム」へ

伊東　眞幸

1 「まち・ひと・しごと創生」の意味

(1) 地銀への期待――地方自治体との連携

「まち・ひと・しごと創生」とは何か。政府のパンフレットによれば、「人口減少克服と地方創生をあわせて行うことにより、将来にわたって活力ある日本社会を維持することを目指す」とある。

こうした考え方に基づき、すべての都道府県および市町村は、二〇一五年度中に「地方人口ビジョン」と「地方版総合戦略」を策定することになっている。具体的には、各々の地域での自律的な取組みと地域間の連携を行うことにより、地域特性を把握した効果的な政策を立案することが期待されているのである。

こうした動きのなかで、地銀に対する期待は非常に大きい。金融機関本来の役割である円滑な資金供給はもちろんのこと、地銀のもつさまざまな知見を積極的に活用し、「まち・ひと・しごと創生総合戦略（地方創生総合戦略）」を実のあるものにしていきたいということであろう。

具体的には、**「地域の経済活性化のために、地域金融機関と地方自治体が個別に対応するのではなく、地域の経済環境分析や地域としてのとるべき戦略について、相互に連携を図りながら戦略の策定・遂行を行うことにより、その実効性が高まることを期待する」**という認識のもと、国は地方自治体に地銀との連携を働きかけている。

そうした要請を受け、地方銀行においても積極的な協力方針を打ち出し、地方自治体が立ち上げた「総合戦略推進組織」等への参画や「総合戦略策定」自体の受注を図るなど、汗を流しているのである。

⑵ 知見・助言・コンサルティング機能の発揮・提供

続いて、地銀に期待されるより具体的な役割を把握すべく、「まち・ひと・しごと創生」の詳細な内容が記載されている政府の付属文書「アクションプラン」を確認してみたい。

まず、**「総合戦略推進組織の整備」**（(1)(ア)②）や**「ローカル版クールジャパンの推進」**（(1)(ウ)③a）において、その必要な対策の一つとして**「地域金融機関等の知見を活用する」**とあり、さらに**「地域の歴史・町並み・文化・芸術・スポーツ等による地域活性化」**（(1)(ウ)④）において、同様に**「地域金融機関の助言・コンサルティング機能を活用する」**、そして

図表３－１　地銀への期待

テーマ	必要な対策
○総合戦略推進組織の整備(1)－(ア)－② ○ローカル版クールジャパンの推進(1)－(ウ)－③－ａ	地域金融機関等の知見を活用する
○地域の歴史・町並み・文化・芸術・スポーツ等による地域活性化(1)－(ウ)－④	地域金融機関の助言・コンサルティング機能を活用する
○サービス産業の活性化・付加価値向上（ヘルスケア産業の創出）(1)－(ウ)－①－ｂ	地域金融機関が設立するヘルスケアファンドによる出資等を図る
○地域を担う中核企業支援(1)－(イ)－② ○産業・金融一体となった総合支援体制の整備(1)－(イ)－⑤	地域金融機関等による企業の事業性評価に基づく融資・コンサルティング機能の積極的な発揮を促す監督・検査のいっそうの推進を図る

（出所）「まち・ひと・しごと創生総合戦略」（平成26年12月27日閣議決定）の付属文書「アクションプラン」（個別施策工程表）より抜粋

「サービス産業の活性化・付加価値向上（ヘルスケア産業の創出）」（(1)(ウ)①b）において、同様に**「地域金融機関が設立するヘルスケアファンドによる出資等を図る」**とされている。

また、行政による指導というかたちにはなるが、**「地域を担う中核企業支援」**（(1)(イ)②）や**「産業・金融一体となった総合支援体制の整備」**（(1)(イ)⑤）において、同様に**「地域金融機関等による企業の事業性評価に基づく融資・コンサルティング機能の積極的な発揮を促す監督・検査の一層の推進を図る」**とある。

このように、地銀に対する期待・希望としては、本業である円滑な資金供給以外では、その知見・助言・コンサルティング機能を積極的に発揮・提供してほしいということであろう（図表3－1参照）。

(3)　国・公的機関が行う施策での連携

次に（民間）金融機関全体を対象としたものとしては、**「事業承継の円滑化」**（(1)(イ)⑥）において、同様に**「金融機関との連携を強化する」**とあり、また**「プロフェッショナル人**

材の地方還流」(1)(エ)②)において、同様に「金融機関と連携を図りつつ、経営（サポート）人材のマッチングを行う」とある。

さらに付随的な役割ではあるが、「包括的創業支援」(1)(イ)①）において、同様に「日本政策金融公庫等による融資や民間金融機関との協調融資を通じて官民の適切なリスク分担を図る」とあり、「公共施設、公的不動産の利活用についての民間活力の活用」(4)(エ)①）において、同様に「金融機関と協働し

図表3－2　民間金融機関全体への期待

テーマ	必要な施策
○事業承継の円滑化（(1)－(イ)－⑥）	金融機関との連携を強化する
○プロフェッショナル人材の地方還流（(1)－(エ)－②）	金融機関と連携を図りつつ、経営（サポート）人材のマッチングを行う
○包括的創業支援（(1)－(イ)－①）	日本政策金融公庫等による融資や民間金融機関との協調融資を通じて、官民の適切なリスク分担を図る
○公共施設、公的不動産の利活用についての民間活力の活用（(4)－(エ)－①）	金融機関と協働しつつ、民間資金等活用事業推進機構が中心となってプロジェクト組成を推進する

（出所）「まち・ひと・しごと創生総合戦略」（平成26年12月27日閣議決定）の付属文書「アクションプラン」（個別施策工程表）より抜粋

つつ民間資金等活用事業推進機構が中心となって、「プロジェクト組成を推進する」とある。

すなわち、地方銀行を含めた（民間）金融機関全体に対する期待・希望としては、国ならびに公的機関が行う施策について、積極的に連携してほしいということであろう（図表3－2参照）。

こうした内容をみるだけでも、地銀に対する期待・希望の全体像がおぼろげながらも浮かび上がってはくるが、本章では、そもそも「地方創生とは何か」という大命題と、そのなかで地銀はどのような役割を果たしていくべきかについて、筆者なりの意見を述べてみたい。

2 「ゼロ・サム」ではなく「プラス・サム」に

(1) 他の地方を阻害する活性化策では元も子もない

人口減少が大きな問題となるなか、将来にわたり活力ある日本社会を維持するためには、それぞれの地域がこの問題を自らのものとして受けとめ、その対応に真剣に取り組まなければならず、そうでなければ期待する成果は上がらない。したがって、今般の「まち・ひと・しごと創生」の取組みは、そうした意味からも時宜を得たものであるといえよう。

今後、このような施策が継続して行われるかどうかは現状、定かではないが、人口問題は別としても「活力ある日本社会を維持すること」、そしてそのために「それぞれの地方を活性化すること」は未来永劫、継続して行われなければならない重要な事柄である。さらにいえば、各地方が活力を増すことにより、結果として、その総和である日本全体の活力を増していくことを真剣に検討すべきである、と考えるのである。

こうした見地に即して、都道府県や市町村では「地方版総合戦略」策定に真剣に取り組み、さまざまな角度から地方の活性化にかかわる戦略の柱建てを行っているものと推察する。

ここで重要なポイントになるのは、それぞれの地方が自律的に考え、積極的な取組みを行ったとして、最終的に日本全体でその効果を足しこんだ結果、「ゼロ・サム」になっては元も子もない、ということである。

すなわち、ある地方で一生懸命に考えた地域内産業活性化策が運よく奏功したとしても、結果として、それが他の地方の産業基盤を崩してしまっては、日本全体の活力が増すことにはならない。したがって、日本全体として「プラス・サム」になるように各地方の活性化を行わなければ、本来の趣旨は全うできない、ということである。

(2) 時代は変わった!

各地方がそれぞれ一生懸命やれば、その積重ねである日本全体もプラスになるに決まっているではないか、という声も聞こえてきそうである。しかし、はたしてそうであろうか。「失われた二〇年」が始まる前、経済が着実に成長を続け、世界において日本の存在感がかなりの程度あった時代であればそうかもしれないが、現状では必ずしもそのようにはならないと筆者は考える。

すなわち、日本全体として人口が増加していくなかで、主力工業製品の輸出が順調に増え、経常黒字が拡大していた時代には、大企業だけでなく中小企業もその経済的恩恵を受けることができた。また地域的にみても、都市部だけでなく地方にも工場が進出し、地方の雇用も順調に拡大していた時代は、海外からの輸入品の攻勢も今日ほど強くなく、結果として日本の各地方がそれなりに潤っていたのである。

しかしながら、時代は変わった。いまや日本の人口は減少に転じ、コスト削減と急激な円高の影響を避けるため、多くの企業は海外に工場を移し、地方からも一つ、二つ……と工場が消えていった。また、新興国の目覚ましい発展に伴い、日本の工業製品はかつてのように多くの分野で競争力のある人気商品ではなくなり、グローバル・マーケットだけでなく、いまや国内市場においても新興国の製品と熾烈な競争を繰り広げている。

3 「ゼロ・サム」の具体例

具体的に考えてみよう。たとえばメーカーA社を、地元の総力をあげて育成・発展させようと考えたとする。仮に、その商品の流通が国内マーケットに限られ、かつ付加的な需要増をもたらすような革新的な商品でない限り、国内他地域の同業他社（B社）の商品との戦いとなり、運よくA社が勝ったとしても、B社は敗れることになる。すなわち、日本全体でみればパイの食い合い――「ゼロ・サム」となるのである。

こうしたことは、何も工業製品に限ったことではない。たとえば、地方の農業試験場・大学・農家が連携してある果物の品種改良を行い、新たに美味しい品種の果物の生産ができるようになったとしよう。そして、それは天候の変化や病虫害にも強く、かつ単位当りの収穫量も多いことから、廉価で提供できる大変魅力のある商品であったとする。

このような状況で、味や値段にうるさい日本の消費者がどう反応するかについては、あらためて説明するまでもないが、結果として、これまで消費者が購入していた同種類の別の品種の果物の消費は落ち、生産農家が打撃を受ける蓋然性はきわめて高いであろう。すなわち、これも日本全体でみれば「ゼロ・サム」になるのである。

それでは観光はどうか。いままで鳴かず飛ばずの状態であった温泉旅館を、全国的にも旅館再生で知られているカリスマ経営者に依頼し、それをバネに当該温泉地全体のブランド力を向上させ、多くの観光客を引き寄せる計画を策定したとする。そしてそれが奏功し、観光客が殺到する大盛況となり、その温泉地のブランド力が高まったとしよう。

こうした状況下、消費者全体が財布の紐を緩め、旅行に充てる休日を増やすのであれば話は別だが、一般的にはそうはならない場合が多い。結果としては、当該温泉地は「行ってみたい温泉地」の上位にランクされる半面、その分、どこかの温泉地の人気順位、旅行に行きたい優先順位は下がることになる。そして、これも日本全体でみれば「ゼロ・サム」となってしまうのである。

そして、こうした工業・農業・観光にかかわるさまざまな支援策は、地方の活性化を考える際、プライオリティの高い具体策として多くの地公体で検討される可能性は高く、ことによると、すでにいくつかの地公体では地方創生の柱建ての一つに据えているかもしれない。

4 どうすれば「プラス・サム」にできるか

(1) 〝部分最適〟ではなく〝全体最適〟を

「地元のことを真剣に考え、その創生の方策をしっかりと組み立てることこそが、今回の最重要課題であり、その結果、他の地方がどういう影響を受けるかまで、とても考える余裕はない」——これが各地公体の本音であろう。

しかし政府の考え方のなかには、**「各々の地域での自律的な取組と地域間の連携をおこなうことにより……」**と明記されている。そして、その最終目的は**「将来にわたって活力ある日本社会を維持することを目指す」**とうたっているのである。そうであるならば、どう考えても、各地方がバラバラに〝部分最適〟を目指すのではなく、日本社会を俯瞰するような〝全体最適〟を目指すべきである、というのが正しい理解の仕方であろう。

こうした理解のもとでとりうる方策の一つは、国全体として進むべき方向性・ベクトルを関係者全員に明確に示し、それを共有することである。すなわち、「全体最適はこういう方向性・ベクトルであると考えており、ついては、各地方はその方向性・ベクトルのもとで部分最適を目指してほしい」と明確に伝え、関係者全員で共有するのである。

(2) 「国際化」は全体最適の方向性・ベクトル

今般の「まち・ひと・しごと創生」では、人口減少克服という大きなテーマを抱え、かつ限られた時間のなかで、一定の成果を上げなければならないという制約があるため、ある意味やむをえない面もあるかもしれないが、活力ある日本社会を維持するための努力は今後とも継続して行わなければならず、したがって、これまで述べてきたことは今後ぜひとも採用していきたい方策の一つである。

それでは全体最適として、どのような方向性・ベクトルを示すべきであろうか。それは、それぞれの地方が自律的に考え、積極的な取組みを行ったとして、最終的に日本全体でその効果を足しこんだ結果、「プラス・サム」となり、日本全体の活力が増すような方向性・ベクトルということである。

そして筆者は、「国際化」がそうした方向性・ベクトルの一つであると考える。すなわち、外国人を日本国内に呼び込むツーリズムと海外からの対内直接投資、そしてブランド力のある商品の輸出強化が、その重要な柱建てになると考えるのである。

＊　＊　＊

人口減少が大きな問題となるなか、将来にわたり活力ある日本社会を維持するために、今般、このようなかたちで「まち・ひと・しごと創生」の取組みを行うことは、まさしく時宜を得たものであり、率直に評価できる戦略といえよう。

一方で、活力ある日本社会を維持するための努力を、今後とも継続して行わなければならないのも事実である。そうした状況下、それぞれの地方が自律的に考え、積極的な取組みを行ったとして、最終的に日本全体でその効果を足しこんだ結果が「プラス・サム」になるような全体最適の方向性・ベクトルを確認することはきわめて有用である。

次章以降、そうした全体最適の方向性・ベクトルの内容と、それぞれにおける地銀の役割について詳しくみていくこととする。

第4章

地方創生と地銀の役割②
——広域周遊観光ルート形成とツーリズム

伊東　眞幸

1 全体最適で目指すべき方向性・ベクトルは「国際化」

第3章では、人口減少が大きな問題となるなか、将来にわたり活力ある日本社会を維持するために、今般、このようなかたちで「まち・ひと・しごと創生」の取組みを行うことは時宜を得たものであると評価した。

一方、活力ある日本社会を維持するための努力は、今後とも継続していかなければならず、それぞれの地方が行う積極的な取組みの効果を、最終的に日本全体で「プラス・サム」にしなければならない、と指摘した。そして、そのためには、〝全体最適〟で目指す方向性・ベクトルを定め、関係者全員で共有することが重要であると述べた。

それでは、全体最適で目指すべき方向性・ベクトルとは何か。

筆者は第3章において、そうした方向性・ベクトルの一つは「国際化」であるとしたうえで、具体的には外国人を日本国内に呼び込むツーリズムと海外からの対内直接投資、そしてブランド力のある商品の輸出強化が、重要であると説明した。

本章では、「ツーリズム」の内容とそれにかかわる地銀の役割について述べていくこととしたい。

2 外国人観光客の誘致強化

(1) 「ゴールデン・ルート」は大人気だが……

日本政府による一大キャンペーン「クールジャパン」が奏功したのか、近年、来日外国人観光客の数は順調に増加している。そして、そうした外国人観光客が日本国内で行う消費は日本のGDPに予想以上に貢献しているのも事実である。ただ、こうした外国人観光客の増加トレンドが、黙っていても今後も順調に続くのかというと、そう簡単な話ではなさそうだ。

いわゆるビザ規制の緩和等の効果もあり、外国人観光客の裾野は間違いなく広がったが、一部の裕福な外国人観光客を除き、必ずしも日本観光に来るリピーターの数が着実に増えているとは言いがたい。それはなぜか。はっきりしたデータがあるわけではないが、多くの外国人観光客は、いわゆる「ゴールデン・ルート」と呼ばれる東京・京都・大阪・富士山等の人気観光地をめぐるコースに沿って観光していることと関係があるようだ。

すなわち、「日本に行くなら、まずはこのゴールデン・ルートをたどれば間違いない、日本を代表する自然や街並みをみることができ、伝統文化にも親しめる」とガイドブックにも載り、日本に行ったことのある人から口コミで評判を聞いているのであろう。

(2) 第二・第三の人気観光ルートを

こうしたゴールデン・ルートに含まれる観光地は、たしかに外国人にとっては魅力的なスポットであり、お金や時間に余裕があれば複数回訪れたくなる場所であろう。しかしながら、それにもおのずと限界がある。そこで、「ゴールデン・ルートに行ったのなら、次はシルバー・ルート、あるいはダイヤモンド・ルートに行ったらどうか⁉」といえるような第二・第三の人気観光ルートがあれば、多くの外国人観光客は、次回はそちらに行く可能性が高いであろう。ちょうど、ドイツで「ライン下りと古城めぐり」をした外国人観光客が、次は「ロマンティック街道」や「メルヘン街道」に行くように、である。

しかしながら日本観光においては、いまだそうしたシルバー・ルートやダイヤモンド・ルートが確立されておらず、少なくとも外国人観光客の間では認知されていないということであろう。もちろん、一カ所に複数日滞在する滞在型の旅行スタイルも、今後は増えていくものと考えられるが、当面は限られた日程のなかで魅力的な観光地を効率的に回る観光スタイルが中心になると思われる。

そして仮にそうだとすると、この第二・第三の人気観光ルートをつくり、外国人観光客に認知してもらうことが、日本観光に来るリピーターの数を増やし、ひいては訪日外国人観光客全体の数を増やすことにつながるものと考えられる。

3 新しい人気観光ルートとは

(1) 七ルートをいますぐ採用しなくても……

ゴールデン・ルートの例をみるまでもなく、第二・第三の人気観光ルートとするためには、限られた一地方だけでなく、ある程度広範な地域の魅力的な観光地を組み入れることが必要になる。

地方創生に関する政府のパンフレットにも、**「地域産業の競争力強化（分野別取組）」**の一例として、**「観光地域づくり、ローカル版クールジャパンの推進」**と記載されており、付属文書「アクションプラン」の該当箇所（(1)(ウ)③ａ）には、**「複数の都道府県をまたがって、テーマ性、ストーリー性を持った一連の魅力ある観光地を、交通アクセスを含めてネットワーク化し、外国人観光客の滞在日数に見合った「広域観光周遊ルート」を形成する」**とある。これには筆者も大賛成である。

図表4－1　広域観光周遊ルート形成計画（認定）位置図

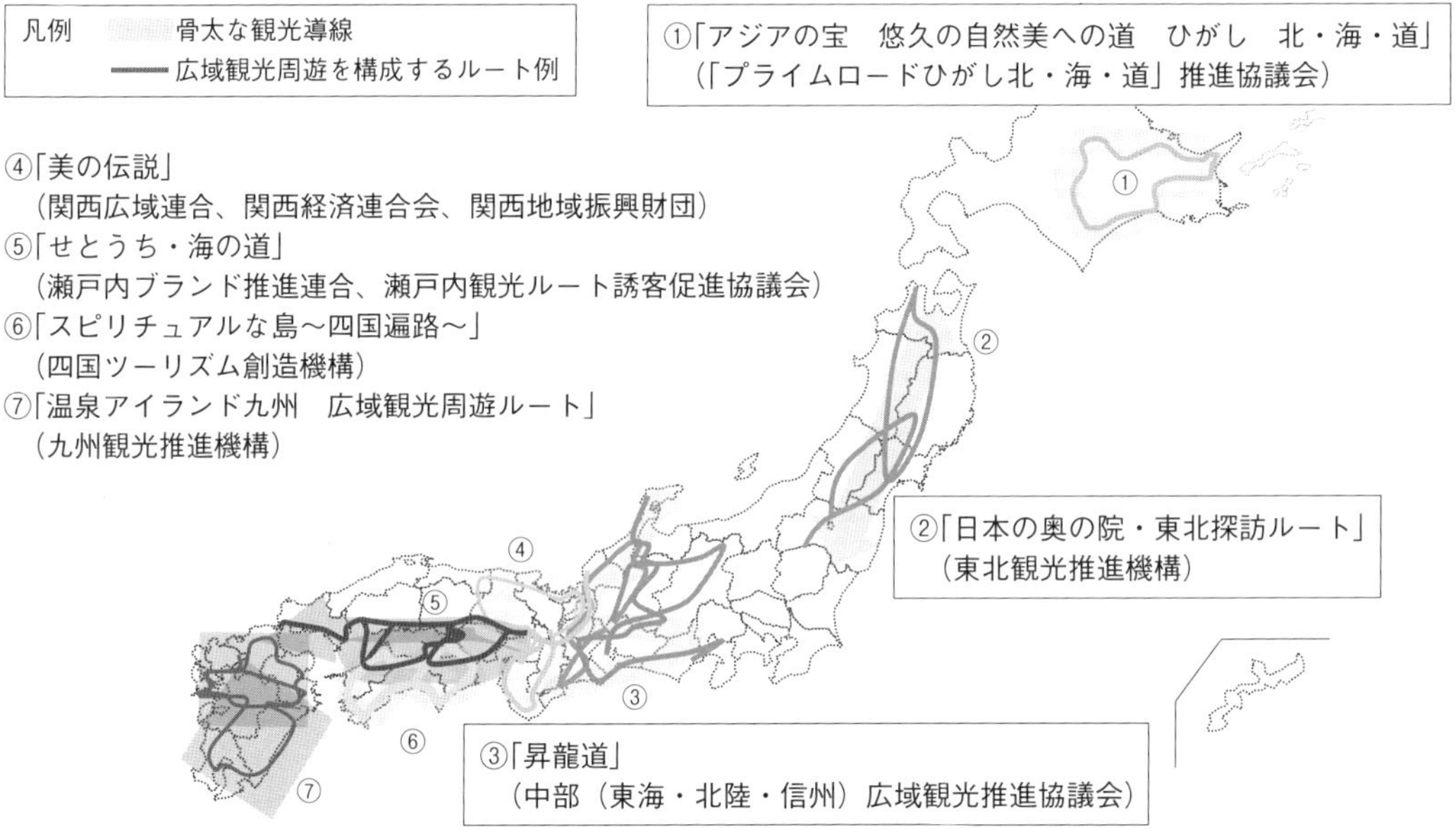

（注）　申請のあった広域観光周遊ルート形成計画について骨太な観光動線および広域観光周遊を構成するルート例を概略的にイメージ化したもの。
（出所）　観光庁のホームページより

その後、観光庁のホームページにおいて、「広域観光周遊ルート形成計画」で認定された七ルート――①北海道東部、②東北全域、③東海・北陸・信州、④関西、⑤瀬戸内、⑥四国全域、⑦九州全域――が発表・掲載された。その内容をみてみると、各ルートともさまざまな工夫がなされており、さすがに認定されただけのことはあると感心した次第である（図表4－1参照）。

しかしあえていわせていただければ、この七ルートをいますぐに採用するのではなく、その前にワンクッション置いて別のルートを入れ、その後、この七ルートを採用してもよいのではないか、と思うのである。

(2) 規模感・広域感がポイントに

いうまでもなく世界には魅力的な観光地が数多くあり、日本を訪れる外国人観光客も当然、そうした世界有数の観光地と比較して日本を選び、観光に来るはずである。したがって、特別の日本ファンを除けば、一般的には日本だけ訪問するわけではなく、生涯のうちに多くて二～三回日本を訪れればよいほうであろう。

仮にそうであるとするならば、他の世界有数の観光地を諦めさせて、観光客を日本に引き寄せるためには、当該七ルートだけではやや力不足の感は否めない。すなわち、ゴールデン・ルートに続く第二・第三の人気観光ルートは、グローバルにみて、世界有数の観光地と十分に戦えるだけの魅力を備えていることが必須であり、そうであれば、少なくとも東京・大阪・京都・富士山に次ぐくらいのネームバリューをもつ都市や自然を、一つのルートのなかに複数カ所含めざるをえないのではないか、と筆者は考える。

その場合、たとえば中国・四国、それに九州の主要観光地を含めて一ルート、東北・北海道の主要観光地を含めて一ルートというような規模観・広域観がポイントになるのではないか。そして、そうした第二・第三の人気観光ルートを訪問した経験をもつ外国人観光客がある程度の数に達し、日本をさらに深掘りして旅行したいという観光客が出てきて、はじめて前述の七つの人気観光ルートを投入してはどうか、と筆者は考えるのである。

4 新しい人気観光ルートの選定方法

(1) 「人気観光ルートを考える会（仮称）」と「ルート委員会」

とはいえ、以上のような取組みを行うには、全国の関係者が集まって協議する場が必要となる。そこで、筆者は「人気観光ルートを考える会（仮称）」の設置を提唱したい。すなわち、各都道府県の代表（県、地銀、観光業者等の職員を含む）が一堂に会し、そこに国（観光庁）と日本を代表する旅行会社数社程度にも参加してもらい、複数の「新・人気観光ルート（案）」のたたき台をつくりあげてもらうのである。

そして、たたき台がいくつかできあがったら、観光ルートごとに「委員会」をつくり、それぞれ自由参加で各都道府県代表に参加してもらい、その内容を煮詰めてもらう。複数の委員会への掛け持ち参加は認めるが、当然、いつまでたっても煮え切らないような「ルート委員会」への参加者は徐々に減り、自然淘汰が進むものと思われる。そして、最終的に二つでも三つでもルート委員会が残れば、そこでの議論を「新・人気観光ルート（案）」とすればよい。

この段階で見落としてはならないのが、外国人観光客の視点である。日本人だけで「これはいいルートだ！」と盛り上がっていても意味はない。それよりも、実際に日本を訪れる外国人の意見を真摯に受け止め、そうした意見をしっかりとルート設定に反映させることが重要だ。したがって、この段階で日本に観光客を送り出す国のベスト10あたりから、主要な旅行業者の代表を招き、各ルート（案）に対する感想・印象・魅力度等を率直に伝えてもらうことが必要であろう。

この結果、いくつかのルート（案）が最後まで生き残ったとすれば、それはぜひとも「新・人気観光ルート」にしたい、と真剣に考える多くの人々の熱い思いに支えられている証拠であり、早期に具体化・実現化する可能性はきわめて高いものと思われる（図表4－2参照）。

図表4－2　「人気観光ルートを考える会（仮称）」のイメージ

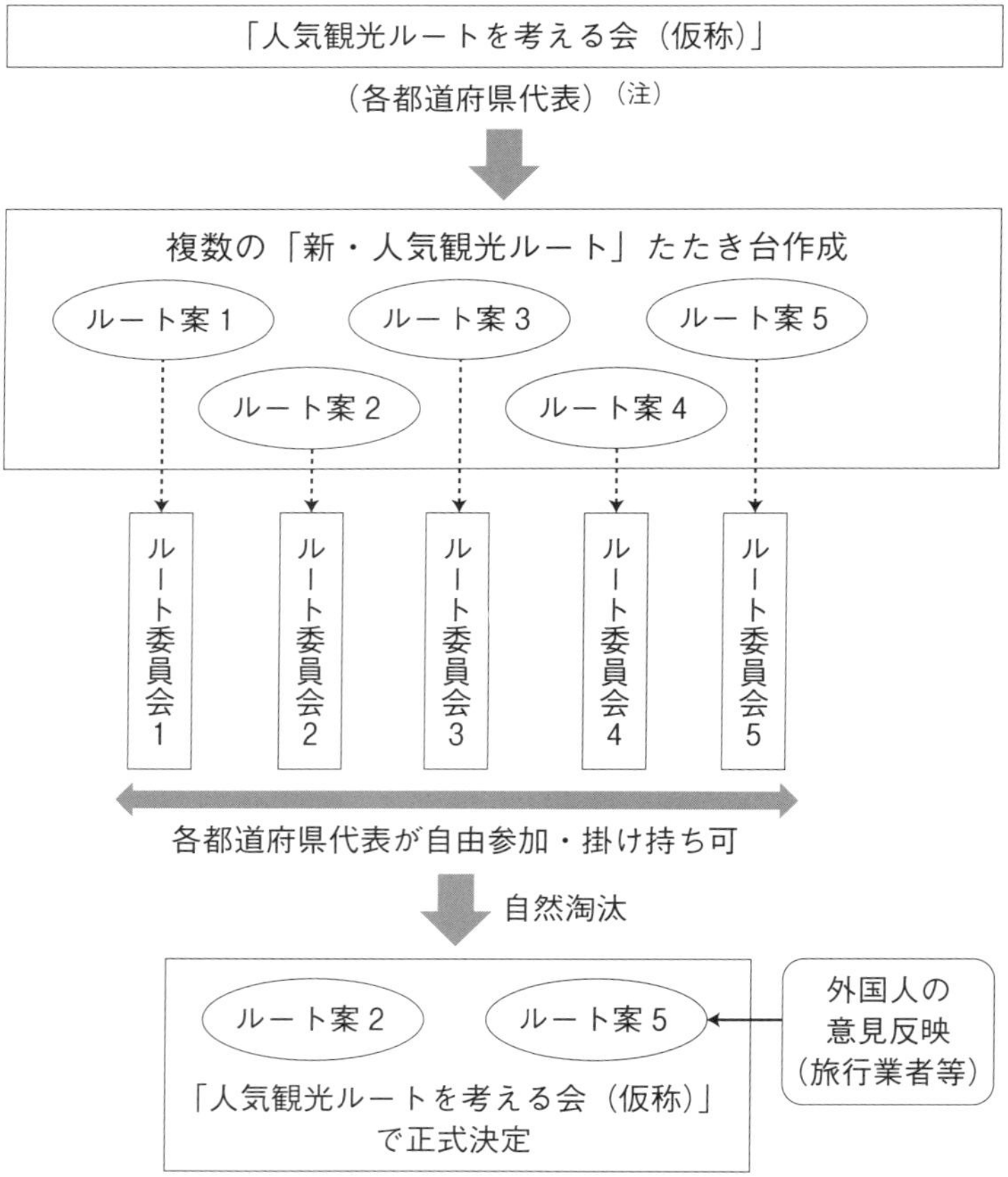

（注）　県、地銀、観光業者等の職員を含む。

(2) 地銀が委員会に参加する意義

なぜ、地銀がルート委員会に参加する各都道府県代表のなかに入るのか、と思う向きもあるかもしれない。

実は、多くの地銀は現在も、「地域活性化の重要な柱として地元観光を何とか活性化できないか」と真剣に考えている。私事になるが、浜銀総合研究所が実質的に事務局を務める「地銀リサーチ・コンサル研究会（RC）」（参加地銀二二行）では、二年ほど前から観光をテーマに自主勉強会を開いている。

そこには、大学の先生や国や地公体の職員、さらには旅行業者や有名料亭の主などさまざまなゲストを呼び、観光にかかわるテーマの講演や率直な意見交換を行っている。そこでの活発な議論を聞いていると、地銀の地元観光に対する関心の高さ・熱い思いがよくわかるのである。個人的には、こうした枠組みをより発展・昇華させて、「人気観光ルートを考える会（仮称）」の核にしてもよいのではないか、と考えている。

5 医療ツーリストの受入れ強化

(1) 国の戦略として医療サービス分野に取り組む

もう一つ重要なのは、人間ドックを含めて、日本で医療サービスを受けるために来日する外国人ツーリストの数を増加させる、ということである。

日本の医療水準が世界的にみて高いことはいうまでもない。難度の高いさまざまな外科手術等の分野において、高い技術力をもち多くの経験を積んだ医師が活躍し、さらに高い水準を目指す研鑽努力も怠らない。また、それに至る前段階において、先進医療機器を巧みに使いこなしながら、的確に患者の病状診断を行える医師も十分に存在する。

また、一定のサイクルで人間の身体全体の状況を細かくチェックする、いわゆる人間ドックは、信頼性・安全性という面で多くの外国人受診者からも強い支持を得ている。こうしたことの背景には、世界で一、二を競う長寿国である日本の健康を重視するイメージと、日本人のホスピタリティに対するあこがれや好感があり、近年、着実に増えている中国や東南アジアの富裕層を中心に、その潜在的な需要は今後ますます増加することが予想される。

現状こうした高度医療・人間ドック受診の希望者の受入れの是非については、各病院で個別に判断しており、また実際、積極的に受け入れる病院の数もまだまだ少ないのが実情だ。しかしながら現に外国人のニーズがあり、また日本が相応の実力をもつこうした分野こそ、今後積極的に伸ばしていくべき分野であろう。世界を見渡せば、国の戦略として、外国人向け医療サービス提供に積極的に取り組み、それを重要なビジネスの一つに据える国が存在するのも事実である。

今後、日本が国の戦略として、こうしたテーマに積極的に取り組み、重要なビジネスとして育成していくためには、①世界的にみた潜在的ニーズの把握、②国としての受入態勢の検討、③具体的なアクションプランの策定が必要になるだろう。

ただでさえ医師不足の日本で、外国人まで診るような医師などいない、という声も聞こえてきそうではあるが、仮にこうした目標をいったん決定すれば、それに向けた人材育成は当然、計画的に行っていかなければならない。すなわち医学部の定員については、たとえば、こうした分野は別枠として、十分な数の学生を確保し、しっかりと教育していくことが必要になろう。一方、患者・受診者を受け入れる病院については、既存の設備を使うことも十分可能であるが、必要であれば専門病院の新設等も視野に入れるべきであろう。

(2) 「日本国際病院」の設立に向けて

地方創生に関する政府の付属文書「アクションプラン」の「**サービス産業の活性化・付加価値向上(ヘルスケア産業の創出)**」⑴(ウ)①b)において、二〇一六年度の取組みとして「**地域において国際的なニーズのある医療を外国人患者に提供する国際病院(「日本国際病院(仮称)」)の体制を構築**」と記載されているが、もしもこれが筆者の指摘しているような内容のものであるならば大賛成である。

さらに後述するとおり、各地方の「内なる国際化」は、その地方の活性化を考えるうえで避けては通れない。そして、それは、外国人にとっての住みやすさ・生活のしやすさをある程度改善しない限り、達成できるものではない。それはたとえば、「「地域の公共空間における標識等の情報提供がどの程度、英語でなされているか」「買い物や医療サービス受診等に際してどの程度、英語でのコミュニケーションが可能か」といった類のものである。

仮に「日本国際病院（仮称）」ができるとするならば、英語で医療サービスを提供できる重要な拠点になるばかりでなく、もう少し小さな医療拠点へ、同様のサービスを提供できる医師・看護師を供給するインキュベーターとなりうる可能性もあり、おおいに期待するところである。

また、人間ドックを受診しにきた外国人に、引き続き滞在してもらえるような健康関連施設――たとえばドイツの「バーデン・バーデン」のような温泉も備わった施設を、その近郊につくることができれば、地域の活性化にはさらに役立つに違いない。そして、そうした総合的なプランを検討するにあたっても、地銀の活躍が期待されるところである。

第5章

地方創生と地銀の役割③

――対内直接投資の促進とブランド力ある商品の輸出強化

伊東　眞幸

1 「国際化」もう一つの視点

活力ある日本社会を維持するためには、それぞれの地方が自律的に考え、積極的な取組みを行うことが必要であるが、ただその結果、最終的に日本全体でそれらの効果が「ゼロ・サム」になっては意味がなく、何としても「プラス・サム」にしなければならない。そして、そのためには、〝全体最適〟で目指すべき方向性・ベクトルを定め、関係者全員で共有することが重要である。

そして、そうした方向性・ベクトルとして第一に考えられるのは「国際化」であり、第4章では、外国人を日本国内に呼び込むツーリズム（医療ツーリズムも含む）につき、その必要性と地銀の役割について述べた。

本章では、海外からの対内直接投資とブランド力のある製品の輸出強化、そして、そうした取組みにおける地銀の役割について述べることとする。

2 海外からの直接投資の拡大

(1) 対内直接投資の対GDP比率がきわめて低い日本

海外から直接投資を受けることのメリットとしては、①設備投資・生産・雇用・輸出等の拡大を通して経済成長が促進されるという「量的拡大」の側面と、②優れた技術や経営ノウハウの移転を通して生産性の向上が図られるという「質的向上」の側面があるといわれている。

しかしながら、日本の対内直接投資の対GDP比率は三・八%（二〇一三年末）と、OECD平均の約三〇%と比較してきわめて低く、一九九カ国中一九六位であり、しかもその約七割が東京に偏在している。

外国企業が日本国内に直接投資をする際（いわゆる対内直接投資）、それが工場なのか、R&D施設なのか、流通・販売拠点なのかによって、その内容は大きく異なるが、ただでさえコストの高い日本では、外国企業が日本国内で工場をつくることは相当程度限られてしまう。

一方、近年、流通・販売にかかわるビジネスモデルが大きく変化するなか、物流倉庫等の新設案件は増加し、それに関連する投資も活発だ。ただ、こうした業務は関連分野への波及や雇用拡大への影響が限定的であるのも事実である。そうしたなか一部の地域では、近年、外国企業の大規模なR&D施設が設置され、地域活性化の期待を集めている。すなわちR&D施設は、そこに勤める人の雇用を生み出すとともに、地元の専門性を有した企業・研究機関とのコラボレーションにより、新たなビジネスチャンスを生み出す可能性も高い。したがって、地元経済活性化に大きな役割を果たすものと期待されているのである。

(2) 外国企業がR&D施設を設置する地域の条件

それでは、外国企業は、どのような地域にこうしたR&D施設を設置しようとするのか。もちろん、当該産業分野にかかわる一定規模のマーケットがあるからこそ日本を選ぶわけだが、そのなかでも、①当該分野に関する高いレベルでの技術・知識・ノウハウの蓄積、②高度な研究に対応できる人材、③本国から来る役職員にとって暮らしやすい街、等が存在する地域を選ぶことになる。

前記①については、まさにその地域の経営資源そのものであり、長い歴史のなかで積み上げられたものであるが、②については、その多くの部分が当該地域にある大学の得意とする分野とそのレベルの高さによって決まる。また③については、「当該地域の公共空間における標識等の情報提供がどの程度、英語でなされているか」「買い物や医療サービス受診等に際してどの程度、英語でコミュニケーションが可能か」といった外国人にとっての利便性がポイントになろう。

こうした諸条件について、地銀はどのようにかかわり、いかなる役割を果たせばよいのであろうか。

まず①については、地元の技術力ある企業を分野別に分け、その技術内容やレベル感を、ある程度深掘りし掌握することが必要である。ただし企業は、取引（特に融資取引）のない金融機関にはそうした情報を開示しないことから、地銀は技術力のある企業とは日頃から取引を行う努力を地道に行うべきであろう。

また②について、地銀としてはこれまで、こうした分野の情報収集はあまり行ってこなかったが、実はこうした要素が地元の重要な財産であることをよく認識し、地元大学との（取引）深耕と情報収集に努めるべきであろう。

一方、③については、対内直接投資だけでなく、外国人観光客を呼び寄せるためにも必要なことであり、将来の地域活性化への投資と割り切り、地銀は地元の地公体や経済界と協力しながら、その改善に努めるべきであろう。

(3)「投資先（R&D）情報パッケージ」の整備

そしていちばん大事なことは、そうした①〜③の情報をパッケージ化し、地元地公体と協力しながら、日本への対内直接投資に興味をもつ外国企業等に、「投資先（R&D）情報パッケージ（仮称）」として、随時提供できるような仕組みをつくりあげることが重要である（図表5－1参照）。

地方創生に関する政府の付属文書「アクションプラン」のなかにも、**「外国企業の地方への対内直接投資の促進」**（(1)(イ)④）において、地方における外資誘致の最大の課題は

図表５－１　投資先（R&D）情報パッケージ（仮称）のイメージ

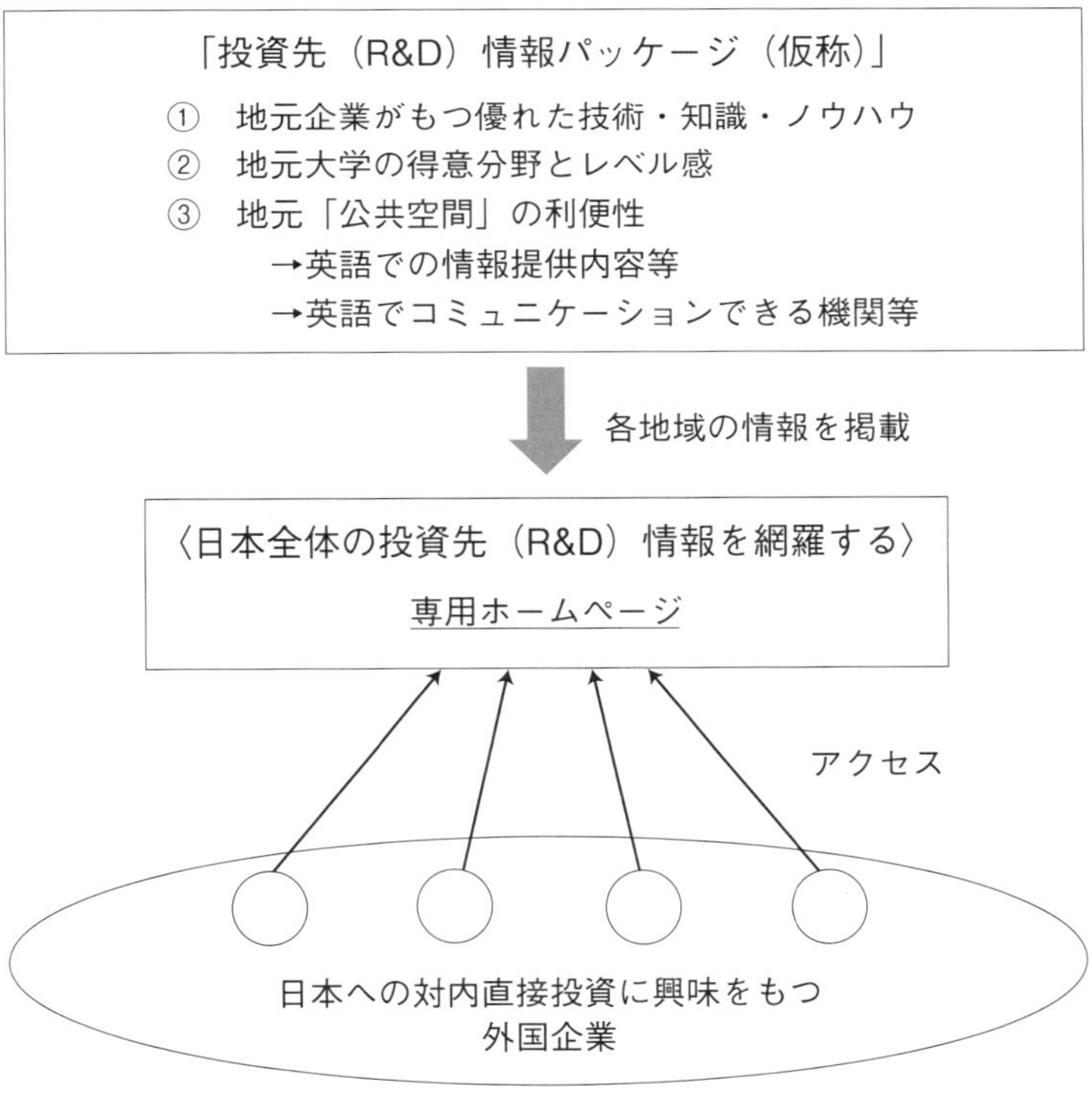

「①投資までに段階を踏む必要があり、時間がかかること、②外国企業誘致のメリットの認識不足、③誘致ノウハウの欠如」であるとし、必要な対応の一つとして、「地方公共団体の外国企業誘致能力の強化（先進事例の共有等）」が掲げられている。できれば、もう少し踏み込んだ現状分析や対応策の検討が行われてもよいのではないか、と感じた次第である。

3 ブランド力ある商品の海外輸出拡大

(1) グローバル・マーケットで勝ち残れる企業の発掘

a 「グローバル・ビジネス・アワード」の創設

コスト削減と急激な円高の影響を避けるために、主だった日本のメーカーは海外に工場を移す一方、量産品のマーケットはコスト面で有利な新興国企業に席捲されている。こうした状況下、日本から輸出してグローバル・マーケットで戦える分野とは、いったいどういったものであろうか。

一般的には、「高い信頼性が求められ」「コモディティー化しておらず」「技術上の参入障壁があり」「厳しい規制があるため対応力で差別化できる」分野であるといわれている。こうしたグローバル優位の分野が、そうたやすく見つからないのはたしかだが、逆に、こうした分野で優位性のある製品をつくりだせる企業を見つけ出し、育成し、ブランド力をつけさせれば、グローバル・マーケットで勝ち残り、輸出を伸ばしていくことは可能だ。

そして、そうしたビジネスモデルをもち、何とかして明日への道を切り開きたいと考える将来有望な起業家は少なからず存在するはずだ。地銀としては、まさにこうした起業家をしっかりと見つけ出し、適切な支援を行っていくことが重要であろう。

そのためには、従来から行っている新規先獲得のための地道な企業訪問だけでなく、起業家に「我こそはグローバル優位のビジネスモデルをもっている！」と自ら名乗らせる努力も必要であろう。そして、その一つの方策としては、地公体とも協力しながら「グローバル・ビジネス・アワード（仮称）」的なものをつくり、インセンティブを与えることも考えられる。

地方創生に関する政府の付属文書「アクションプラン」の「**包括的創業支援**」（1）(イ)①）において、その必要な対策の一つとして、「**「ビジネスプラン・グランプリ」の開催により創業マインドの向上を図る**」とあるが、その内容が筆者の指摘するようなものであれば、おおいに賛成である。

b 「ビジネスアイデア検討会（仮称）」の設置

ただ、そうした起業家を見出すチャンスは意外と身近なところにあるのかもしれない。すなわち、日々、地銀の融資窓口に相談に来る起業家の卵の話に、融資担当者がもう少し丁寧に耳を傾けるだけでも、大きな成果が得られる可能性はあるのだ。

また、似たようなアイデアをもつ起業家同士が意見をぶつけ合うことにより、当初は粗削りであったアイデアが、より洗練されたものに変化し、最終的にはグローバル・マーケットで戦いうる革新的なビジネスモデルへ昇華するということもある。したがって、こうしたグローバル・マーケットで勝ち残れる企業を目指す起業家たちに、分野別に情報交換の場、いや意見をぶつけ合う場を提供していくことも地銀の役割かもしれない。

アメリカにおいては、IT企業にとって、シリコンバレーがまさにそうした役割を果たしているのは衆目の一致するところだが、日本では物理的な制約もあり、同様な環境を用

図表5－2　ビジネスアイデア検討会（仮称）のイメージ

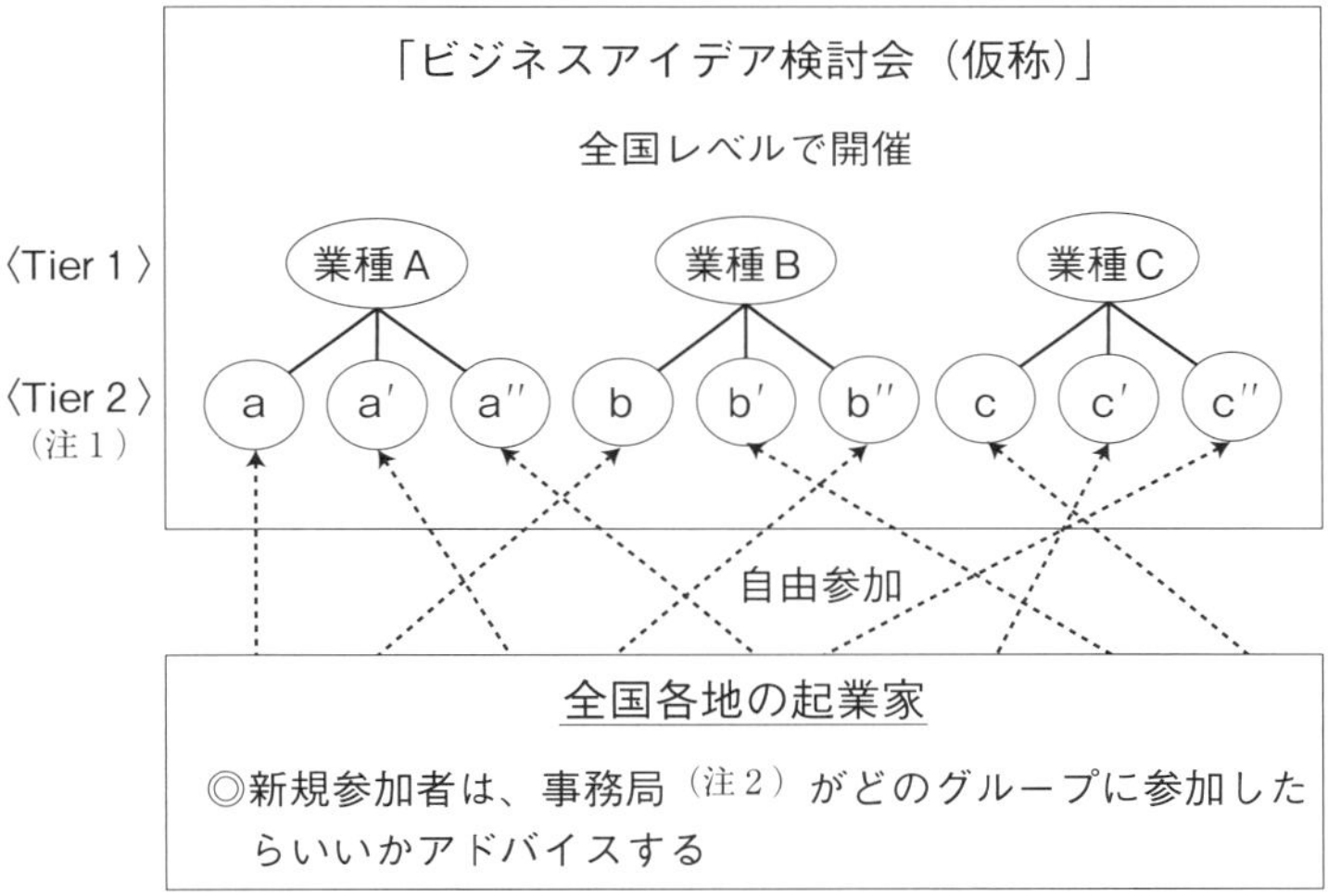

○原則、毎月開催される〈Tier 2〉レベルの会に出席する

○〈Tier 1〉レベルの会は、四半期1回で〈Tier 2〉の所属にかかわらず自由参加できる

○起業できそうな「アイデア」がまとまったときには事務局にいる地銀担当者に相談する

（注）　1．Tier 2はTier 1の業種をさらに細分化したもの。
　　　　2．事務局には、地銀の担当者が含まれる。

意することは困難なことから、定期的に意見をぶつけ合う場――「ビジネスアイデア検討会（仮称）」）――を提供することが、より現実的な方策ではないかと思われる（図表5－2参照）。

c　地銀との連携を通じた全国規模のコーディネート

ただし日本は狭く、またそうした起業家の数も他の先進諸国に比べると極端に少ないことから、その実質的な効果を高めていくためには、こうした意見をぶつけ合う場を全国規模で開催することが重要だと思われる。そして、そうしたものを、地銀の連携により提供することは十分可能だ。

もっとも、そうしたコーディネートを行っていくためには、各起業家の技術力やビジネスモデルの実力を、深度をもって理解し判断できる能力を、地銀の職員がもつことが必要である。そのためには、日頃から産業調査をしっかりと行っていくことが重要なのである。

私事になるが、浜銀総合研究所が実質的に事務局を務めている「地銀連携産業調査センター（RIC）」（参加地銀一〇行、この連携の基本的な考え方については拙書『地銀連携』（金融財政事情研究会、二〇一四年五月刊）を参照願いたい）においては、この三年間、地道に人材育成を行い、相応の成果も残しているところである。今後は、こうした連携の輪をさらに広げ、また調査内容の質をいっそう充実させることを強く望んでいる。

(2) 農産物の輸出拡大

a 「ブランド設定」が重要な鍵

もう一つ、ブランド力をつけることによって輸出を拡大できるものは農産物であろう。中国や東南アジアでは、富裕層や中産階級が急激に増加し、美味しさと安全性の観点から日本の青果物の人気が高いようだ。たとえば、「ふじりんご」などは現地で一個二〇〇〇円程度で売られているという。

もちろん、りんご以外でも人気のある日本の青果物は多いが、そうしたものの種類や数量を増やしていくためには、①現地の消費者に「ブランド」をしっかりと認知してもらう、②安定した「品質」で供給できる態勢がとれる、③ある程度の需要増に対して「柔軟」に対応できる、ことが必要であろう。

前記①については、現地における日頃からのテストマーケティングや広告宣伝、当該食材を使った食品の普及等、ブランドとして認知されるよう地道な努力が必要となるが、②については産地における徹底した品質管理が重要となる、そして③については、生産農家との円滑なコミュニケーションが重要となる。そして、そのどれをとっても「ブランド設定」をどのようにするかが重要な鍵となるのである。

たとえば、アメリカのワインは「カリフォルニアワイン」のブランドで世界に売り出している。詳しくいえば「ナパ」であるとか「ソノマ」であるとか、産地は分かれるのであろうが、あくまでもブランドは「カリフォルニアワイン」である。一方、フランスのワインは、「ボルドー」「ブルゴーニュ」という大きな区別をつけながら、それぞれ個別のブランドとして売り出している。

b　日本の農産物のブランド設定をどうするか

それでは、日本の青果物のブランド設定はどうするのか。たとえば、みかんであれば「温州みかん」にするのか「愛媛みかん」「静岡みかん」と分けるのか、また、ぶどうであれば「日本ぶどう」でいくのか、「甲州」「甲斐路」などと分けるのか、といった具合である。

なぜ、このようなことにこだわるのかというと、それにより、今後の運命共同体が決まってくるからだ。たとえば、「温州みかん」をブランドとして使うのであれば、愛媛や静岡といった生産地にこだわらず、温州みかんの生産農家全体が運命共同体のメンバーとなり、まずはグローバル・マーケットのなかで「温州みかん」をブランドとして認知してもらい、購入してもらえるよう努力することになる（前記①参照）。

そして、海外の消費者の信頼を維持できるよう、当然のことながら品質管理はしっかり行っていく必要がある。そのため、「温州みかんブランド委員会（仮称）」を設立し、メンバーの間で「温州みかん品質コード（仮称）」を定めるとともに、初めのうちは当該事務局が各産地に赴き、出荷予定の温州みかんの品質を、コードに照らしながらチェックすることになるであろう（前記②参照）。

さらに需要動向を見通しながら、各産地の農家とは、今後出荷を増やすことが可能かどうか等を含め、円滑なコミュニケーションを行っていくことが重要となる（前記③参照）。

c　ブランド設定後の個別努力

なお、「カリフォルニアワイン」を生産するワイナリーが、まずはブランドとしてのカリフォルニアワイン全体の人気向上を図るべく協力した後、そのなかでも自らのワイナリーを選んでもらえるよう個別の努力をしている。それと同様に、「温州みかん」生産農家は、まずはブランドとしての温州みかん全体の人気向上を目指した後、そのなかでも自らの産地を選んでもらえるよう個別に努力することになる。

d　地銀の関与が必要な理由

大局的に考えれば、このブランド戦略は、国が目指す「農産物輸出戦略」の要となるものであり、国内各地方の農家に農産物の輸出をただ奨励するだけでなく、トータルとしての方向性・ベクトルをもち、関係者全員で共有することが必要である。

すなわち、どのような農産物を輸出候補とし、そのブランド設定をどのようにするかを決めることが重要になる。そのため、前述の「人気観光ルートを考える会（仮称）」（図表4－2参照）と同様の手法で、「輸出農産物ブランドを考える会（仮称）」を設置してはどうか。その際、そこで中心的な役割を担うのはやはり地銀ということになる（図表5－3参照）。

それはなぜか。現在、多くの地銀は地元農業の活性化を図るため、さまざまな取組みを行っている。TPP（環太平洋戦略的経済連携協定）の具体的な影響についてはいまのところ不透明であるが、ただ農産物の輸出入の自由化が今後、いっそう進んでいく方向にあることだけはたしかなようだ。そうした流れのなかで、日本の農業の生産性を上げ、多くの

図表５－３　輸出農産物ブランドを考える会（仮称）のイメージ

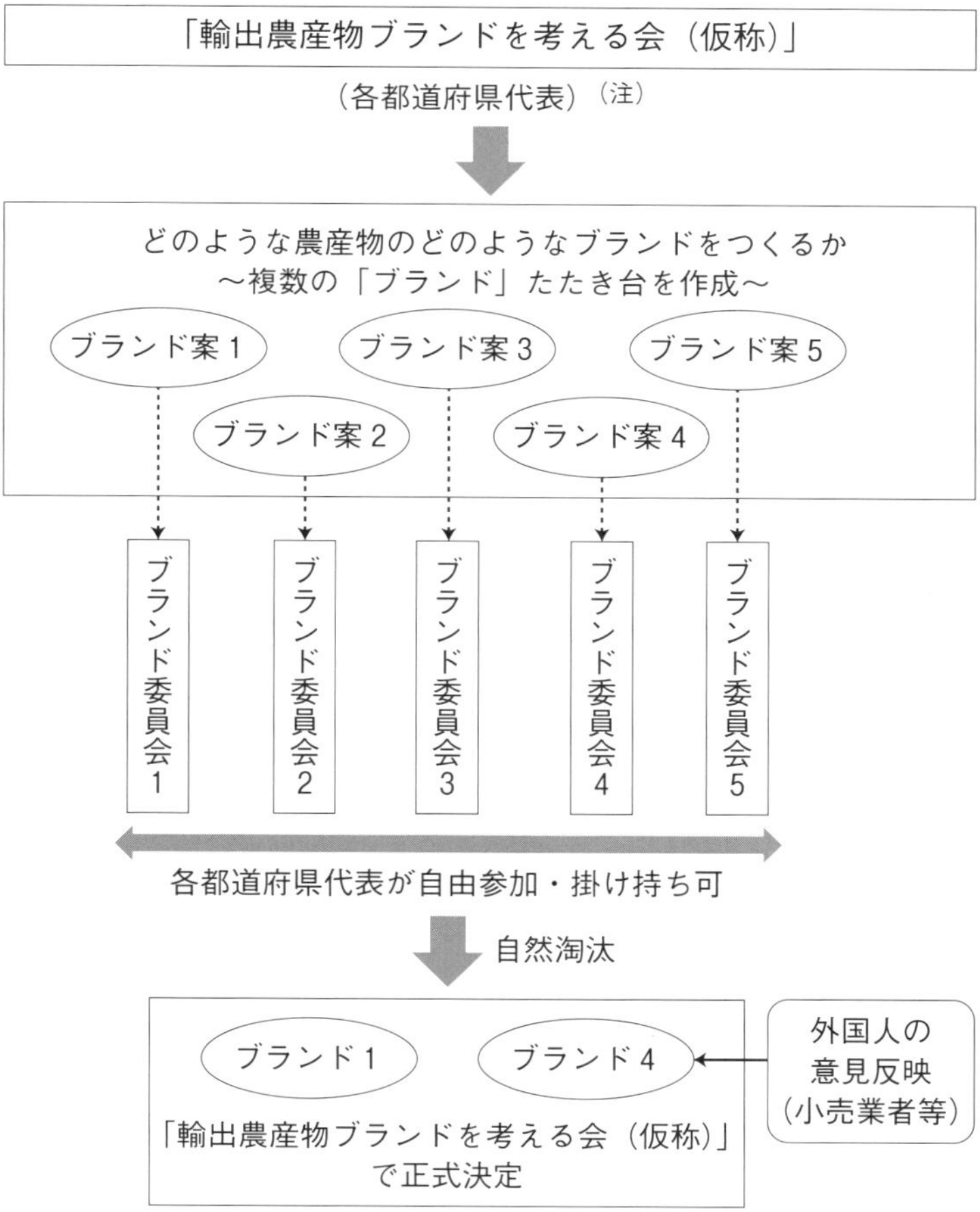

（注）　県、地銀、農家等の代表を含む。

農産物がグローバル・マーケットにおいても十分に戦っていけるようにするためには、規模の拡大や農業法人の規制緩和等が必要となる。

もし、そうした制度面等の環境整備が進めば、次に必要となるのが投資資金ということになり、将来、これを担うのは間違いなく地元の地銀ということになる。したがって、こうした観点からも、地銀は地元の農業の発展に対して、従来以上に深くかかわる必要があるといえよう。

4 地銀にしかできない役割を果たす

人口減少が大きな問題となっているが、将来にわたり活力ある日本社会を維持するため、「まち・ひと・しごと創生」の取組みを行うことは時宜を得たものと考える。そうした状況下で地銀に対する期待は大きく、地銀は、地方自治体が立ち上げた「総合戦略推進組織」等への参画や「総合戦略策定」自体の受注を図るなど、汗を流しているのである。

政府の「アクションプラン」によれば、地銀は本業である「円滑な資金供給」面での協力のほか、国や公的機関が行う施策についての積極的な連携や、その知見・助言・コンサルティング機能の発揮・提供をも期待されている。そして地銀は当然のことながら、こうした期待に積極的に応えていくことが必要であろう。

一方、活力ある日本社会を維持・発展させるための努力については、地方においても継続して行わなければならないが、それぞれの地方が行う積極的な取組みの効果が、最終的に日本全体で「ゼロ・サム」になっては意味がなく、何としても「プラス・サム」にしなければならない。そして、そのためには、〝全体最適〟で目指す方向性・ベクトルを関係者全体で共有することが重要である。

筆者は、そうした方向性・ベクトルとして第一にあげられるのは「国際化」であり、具体的には、①外国人を日本国内に呼び込むツーリズム、②海外からの対内直接投資、そして③ブランド力ある商品の輸出強化であると考えている。

したがって地銀としては、こうした方向性のもとで、本業である円滑な資金供給をしっかりと行っていくことはもちろんのこと、これまで筆者が第3章～第5章のなかで縷々述べてきたように、地銀にしかできないさまざまな役割を果たすことにより、地域の活性化を図り、ひいては日本国全体のさらなる発展に貢献してほしいと考えるのである。

第6章

地域金融機関の現場は地方創生を実現できるか

家森　信善

1 経営と現場の乖離？

序章で、多くの地域金融機関は地域経済・社会への貢献を経営理念としていることを紹介した。ところが利用者からみると、現状の取組みでは十分とは言いがたい面もある。たとえば、図表6－1は金融庁の実施したアンケート調査の結果であるが、まだ六割弱の利用者しか、地域密着型金融への地域金融機関の取組姿勢を評価していない。図表6－2では、地方創生や地域経済活性化に向けた取組みへの参画という点でも、「積極的」ないし「やや積極的」と評価しているのは利用者の五割程度にとどまっていることがわかる。

経営理念や経営方針はもちろんのこと、最近の金融機関の経営者のインタビューなどから判断して、ほぼすべての地域金融機関が地域密着型金融や地方創生に積極的に取り組んでいる。序章で紹介した「まち・ひと・しごと創生本部」の調査でも、金融機関の七割が地方創生のための体制を整備し終えている。

経営トップが自ら熱心に唱えているし、本部の体制も相応に整備されている。それにも

図表6－1　地域密着型金融の取組姿勢（全体評価）

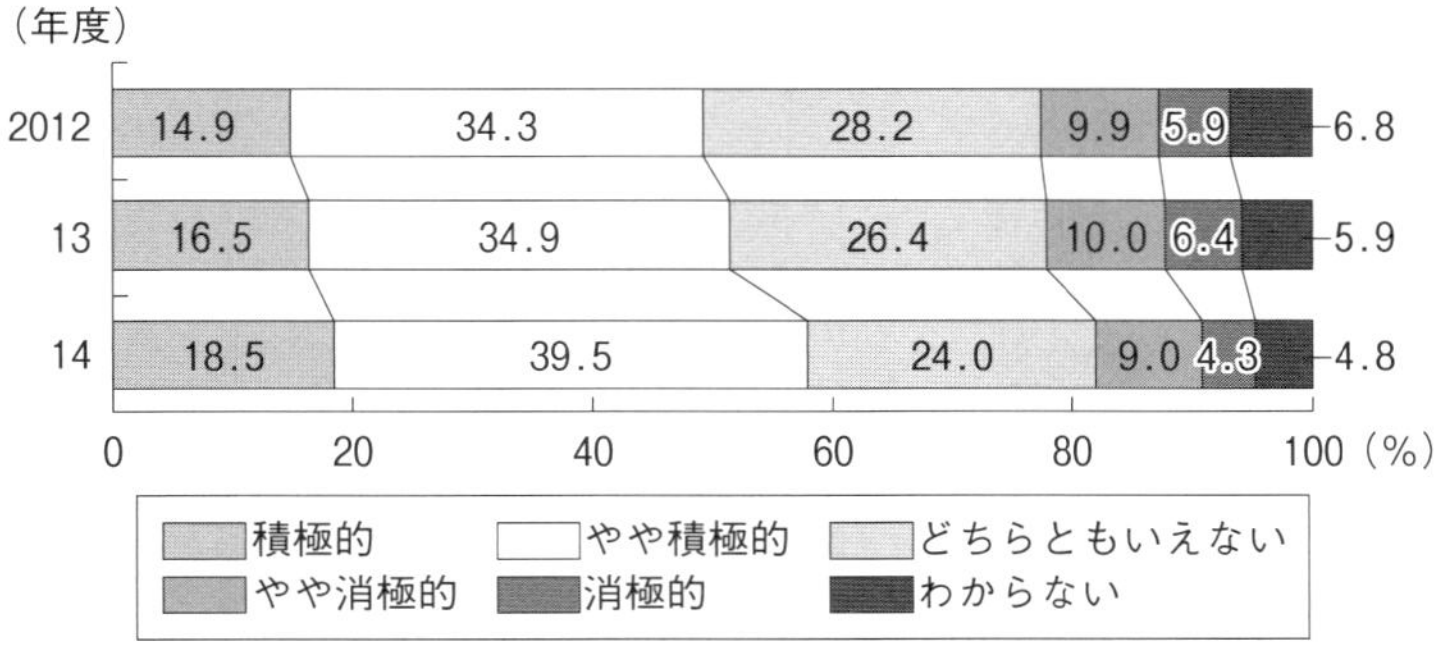

（注）　本調査は、2015年４～６月にかけ、全国の財務局等において、各地域の利用者等を対象に、聴取りによるアンケート調査を実施したもので、利用者等（中小企業者478名、商工会議所・商工会の経営相談員等451名、消費生活センター職員等95名の計1,024名）からの回答を得ている。

（出所）　金融庁「地域金融機関の地域密着型金融の取組み等に対する利用者等の評価に関するアンケート調査結果」（2015年８月21日公表）

図表6－2　地方創生や地域経済活性化に向けた取組みへの参画

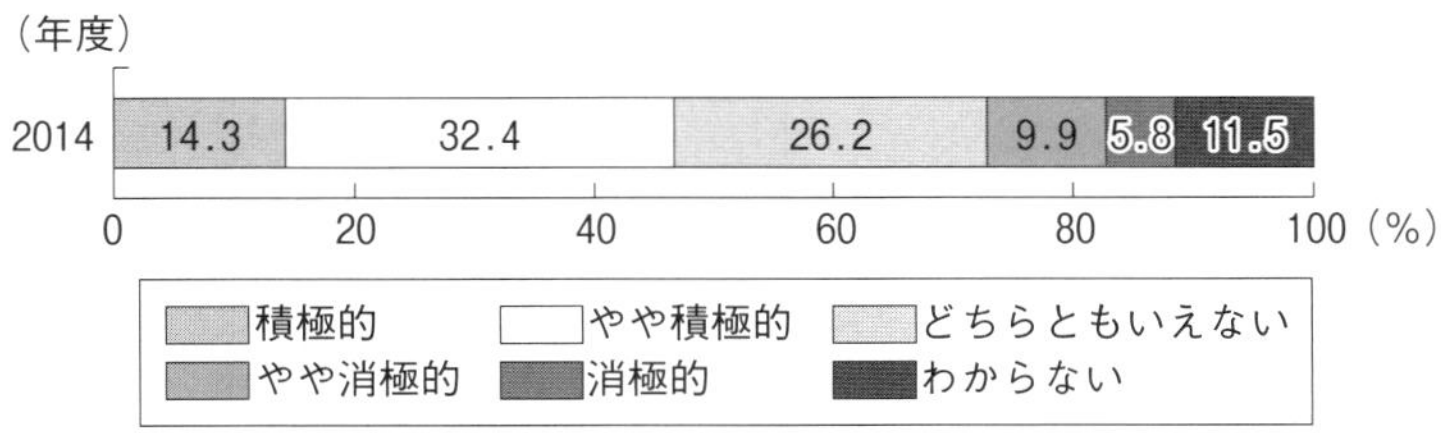

（出所）　金融庁「地域金融機関の地域密着型金融の取組み等に対する利用者等の評価に関するアンケート調査結果」（2015年８月21日公表）

かかわらず、実際の顧客目線では不十分だとしか評価されていないのである。これでは、「地域金融機関が実際には経営理念に沿った経営をできていないからではないか」との疑念を抱かせてしまう。いうまでもなく、地域密着型金融は「本部の会議室」で行われるものではなく、顧客企業と接触する支店の職員が担っている。となれば、問題は現場に現れているはずである。

そこで本章では、筆者が実施した地域金融機関の支店長に対する調査結果を用いて、地域金融機関がどうすれば現場レベルから地方創生に取り組めるのかを考えてみたい。

2 地域金融機関の支店長に対する調査の概要

支店の現場の声を聞くとした場合、具体的にはだれの声を聞くかということが問題になるが、まず二〇一三年一月に筆者が実施した調査では、地域金融機関の支店長を対象にしてみた。以下では「支店長調査」と略称する（注1）。

具体的には、地銀・第二地銀については、全国を六ブロックに分けて、各ブロックで三分の一の銀行を対象にするように無作為に抽出する一方、協同組織金融機関については、地区ブロックごとに信用金庫と地域型信用組合のそれぞれ一〇分の一を無作為に抽出した。協力の得られない金融機関については一部差替えを行い、最終的な調査対象は七一金融機関となり、その業態・地域分布は図表6－3のとおりであった。

そのうえで、本店営業部、出張所、ネット支店、一人の支店長が兼務している支店のうち小規模のほうの支店、企業融資をしていない支店を除いて、当該金融機関のすべての支店を対象にして調査を実施することとした。その結果、送付先は、四〇五〇支店（拠点）となった。

調査票は、二〇一三年一月四日に送付し、二月一二日までに回収できたものを分析の対象とし

図表6－3　調査対象の業態・地域分布

	地方銀行	第二地銀	信用金庫	信用組合	合　計
北海道・東北	3	1	7	2	13
関東・甲信越	3	5	5	2	15
中　部	3	3	6	1	13
近畿・北陸	4	2	4	0	10
中国・四国	3	3	2	2	10
九　州	4	3	3	0	10
合　計	20	17	27	7	71

た。図表6－4に示したように、回収できたのは一三五〇人であった（注2）。

なお、回答者を役職別に整理すると、八五％が支店長（拠点長）、一三％が副支店長・次長（次席）、二％がその他となっており、当初想定したとおりの役職者からの回答が得られている（図表6－5参照）。以下では、回答者のことを「支店長」と呼ぶことにする。

（注1）本調査は、日本学術振興会・科学研究費・基盤研究(A)「地域経済の競争力回復のための地域経済政策の総合的研

図表6－4　業態別の回答状況

	計	地方銀行	第二地銀	信用金庫	信用組合
回答者数	1,350	606	213	438	93
比率(%)	100.0	44.9	15.8	32.4	6.9

図表6－5　アンケート回答者の役職

	地方銀行	第二地銀	信用金庫	信用組合	総　計
未回答	1	—	—	—	1
①支店長（拠点長）	514	182	379	76	1,151
②副支店長・次長（次席）	76	28	53	17	174
③その他	15	3	6	—	24

究」（代表者：家森）の一部として実施した。調査の実務は金融ジャーナル社に委託した。詳細な分析は、家森・冨村・高久（二〇一三、二〇一四）を参照されたい。

（注2）『ニッキン資料年報2013年版』によると、各業態の支店数（二〇一二年三月）は、地銀七四八九、第二地銀三一二八、信用金庫七五三五、信用組合一七三七であったので、本調査のカバー率は地銀八・一％、第二地銀六・八％、信用金庫五・八％、信用組合五・四％となっている。

3 厳しい事業環境と支店長の将来展望

各支店長に対して、「自支店の営業エリアでの今後の事業性の借入需要の見込みについて」尋ねてみたところ、「大きく成長」や「やや成長」を選んだのは一三・三％にとどまっており、一方で、「やや下落」や「大きく下落」を選んでいる支店長がほぼ四割に達している（図表6－6参照）。多くの支店長が、事業環境をきわめて厳しいと認識していることがわかる。

こうした厳しい経営環境のもとで、支店長は将来をどのように展望しているのであろう

図表6－6　自支店の営業エリアでの今後の事業性の借入需要の見込み

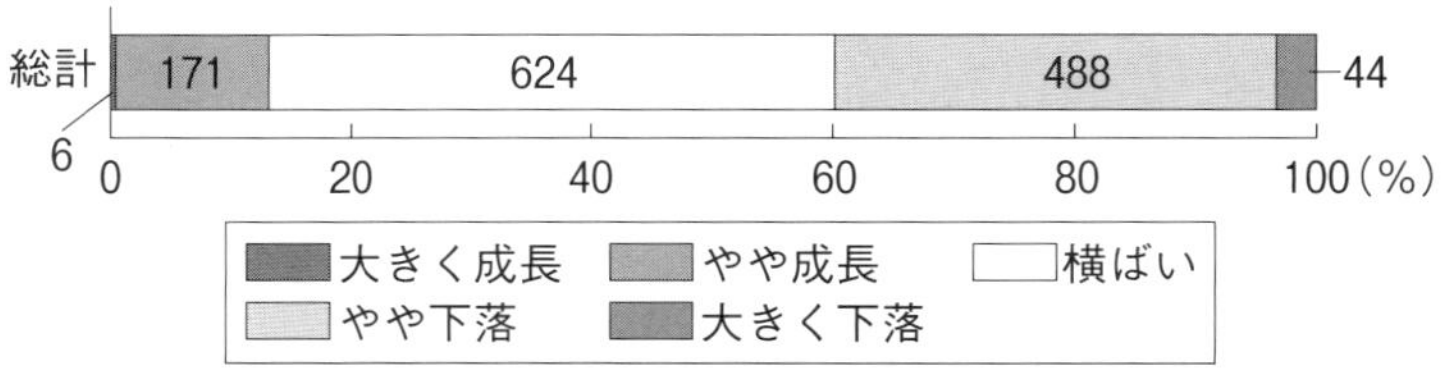

図表6－7　自社の将来への見方

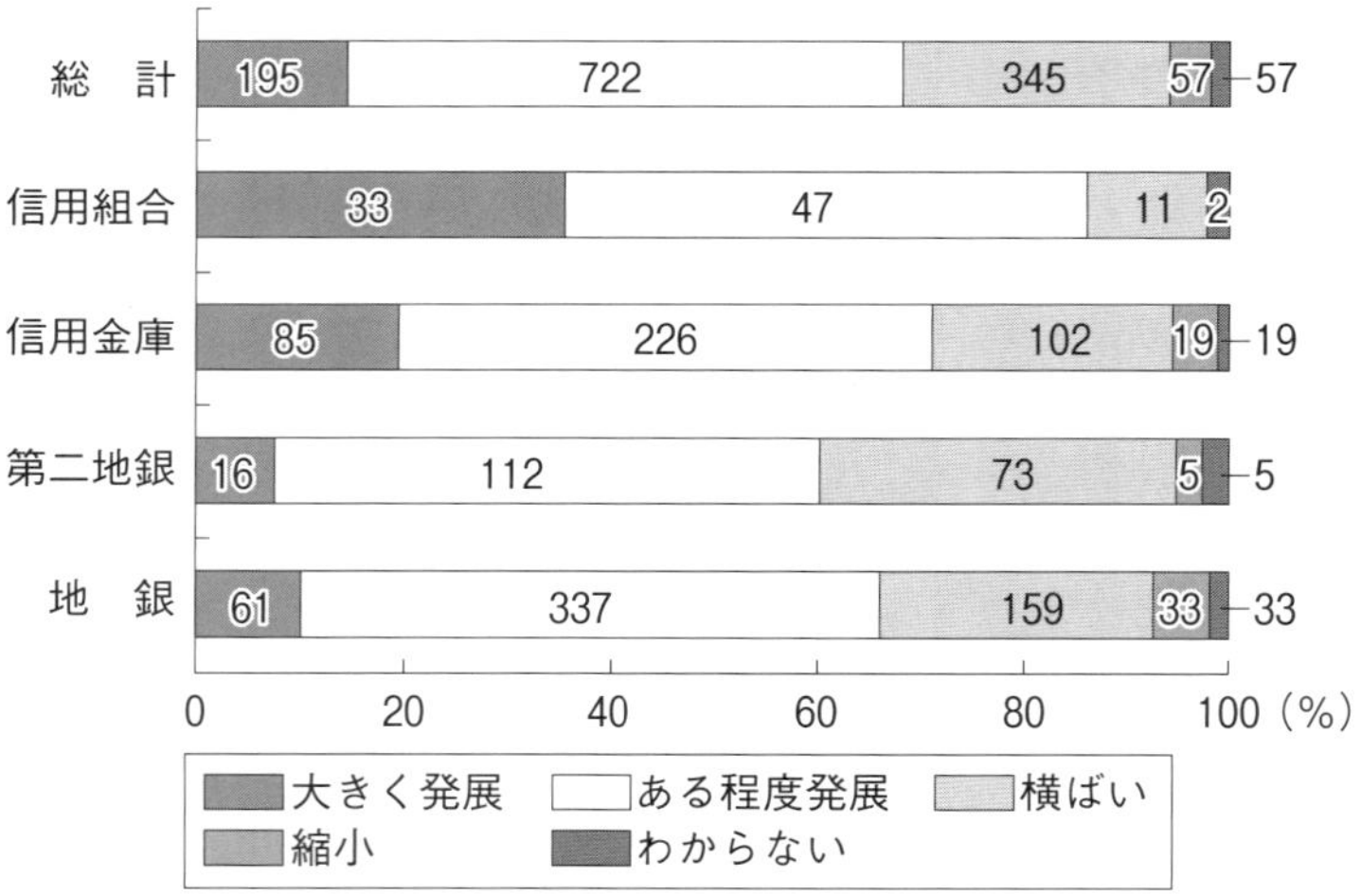

（注）　無回答者を除く。図の数字は回答者の人数。

か。支店長に対して「貴行の将来についてどう思いますか？」と尋ねてみたところ、「縮小」は四・二％しかおらず、反対に「大きく発展」が一四・五％、「ある程度発展」が五三・七％であった（図表6－7参照）。つまり、将来を明るく前向きにとらえている支店長が七割程度に達している。

この数値は、肯定／否定の両面から評価するべきであろう。まず、厳しい環境ではあるが、支店の現場には前向きに挑戦する気持ちが満ちていると積極的に評価することができる。他方で、図表6－6でみたような厳しい事業環境にもかかわらず、現場の「危機感」が足りないとの評価が成り立つ面も忘れてはならないだろう。

4 地域金融機関の強みはどこか

地域金融機関の支店長は、自らの支店の強みがどこにあると感じているのであろうか。この点を本調査では、「①金融機関のブランド」「②提示する金利の低さ」「③融資決定の速さ」「④融資可能額の多さ」「⑤親身な姿勢」「⑥最後まで支援する姿勢」「⑦豊富な金融商品」「⑧職員の能力・人柄」「⑨地域密着の姿勢」の九つの選択肢から、いくつでも選択可能とするかたちで尋ねてみた。

その結果をみると（図表6－8参照）、「地域密着の姿勢」を選ぶ支店長が圧倒的に多かった。最も比率の低い地方銀行でも七五・六％に達しており、信用金庫ではほぼ九割である。多くの地域金融機関の支店長は、「地域密着の姿勢」を自らの強みだと考えているのであり、このことは地方創生の推進の観点から大変心強いところである。

その他の強みは業態によって違いがある。地方銀行では「ブランド力」をあげる支店長が六割近いが、他業態では二割以下にとどまっている。一方で、「親身な姿勢」については、地方銀行で六割近い水準だが、第二地銀と協同組織金融機関では八割以上の非常に高い選択率となっている。また、協同組織金融機関は地銀や第二地銀に比べて「最後まで支援する姿勢」を「強み」だと感じている支店長が多い。

ところで図表6－8に示しているように、「提供する金利の低さ」を強みだと考える支店長はほとんどいない。それにもかかわらず、本調査によると、メインバンクとして取引してきた取引先を他機関に奪われた理由として「競争相手に比べて魅力的な貸出条件（低金利など）を提示できなかった」ことが最も多い理由となっており、地域金融機関の間で

図表6－8　支店長の考える自支店の強み（複数回答可）

	地方銀行	第二地銀	信用金庫	信用組合	総　計
①金融機関のブランド	59.1%	13.1%	18.3%	7.5%	35.0%
②提示する金利の低さ	4.0%	1.4%	3.4%	0.0%	3.1%
③融資決定の速さ	11.9%	22.5%	22.8%	48.4%	19.6%
④融資可能額の多さ	1.7%	1.9%	1.8%	2.2%	1.8%
⑤親身な姿勢	58.9%	82.6%	85.4%	86.0%	73.1%
⑥最後まで支援する姿勢	36.1%	39.9%	50.0%	77.4%	44.1%
⑦豊富な金融商品	16.5%	1.9%	4.3%	3.2%	9.3%
⑧職員の能力・人柄	34.5%	36.6%	24.9%	23.7%	31.0%
⑨地域密着の姿勢	75.6%	85.0%	89.7%	83.9%	82.2%
回答者数	606	213	438	93	1,350

激しい金利競争が続いていることがうかがえる（注）。

しかし、「奪われている」と回答している支店長も、低金利で他機関から顧客を奪っているはずであり、強みだとは思っていない「金利」を武器にした競争が行われているという点で、この競争のおかしさ・矛盾があることを強調しておきたい。

本書の第3章で地域金融機関の競争が不毛なものになりかねない現状（「ゼロ・サムゲーム」）を指摘しているが、「低金利競争」に陥らず、「産業・企業の生産性向上に貢献するような競争を行うことが、地域経済の発展と自らの収益基盤の安定につながる」（「平成27事務年度　金融行政方針」）はずである。

「現状の地域金融機関の支店ビジネスのあり方は何かがおかしい」という健全な〝疑い〟を現場にもってもらうことが必要である。

（注）「非常に多くの事例で当てはまる」との回答が三三・七%で、「一部の事例で当てはまる」を加えると九五%の支店長が金利競争で取引先を奪われていると感じている。

5 支店長は経営支援を行いたい！

いまみたように、「最後まで支援する姿勢」を「強み」と認識する地域金融機関の支店長は数多い。そこで、「長年取引のあるメイン先企業で経営に問題が起こり、支援を求めてきたとします。どの程度の再建の可能性があれば、支援をするべきだと思いますか？」と尋ねてみた。

その結果をみると（図表6－9参照）、再建の可能性が五〇％程度あれば、支援に取り組むべきだと考えている支店長が七割程度に達しているし、「20％未満」でも支援すべきだと考える支店長も五・九％存在する。「最後まで支援する姿勢」を選ぶ比率が少し低めだった地方銀行の支店長ですら「支援すべき」とする回答が多く、業態間の差異はほとんどない。踏み込んでいえば、地方銀行の支店長の場合、支援したいがいまはさまざまな制約があって支援できないので、自らの強みとしてあげることは躊躇した、ということなのかもしれない。

図表６－９　メインバンク先企業の支援に取り組む際に必要な再建可能性の大きさ

	地方銀行	第二地銀	信用金庫	信用組合	総　計
①20％未満	6.8％	4.2％	6.0％	3.5％	5.9％
②20～40％未満	22.3％	13.5％	19.7％	18.6％	19.8％
③40～60％未満	42.5％	46.4％	43.3％	41.9％	43.3％
④60～80％未満	22.5％	28.1％	24.9％	25.6％	24.4％
⑤80～100％未満	5.1％	7.3％	6.2％	9.3％	6.1％
⑥100％	0.9％	0.5％	0.0％	1.2％	0.6％
回答者数	530	192	402	86	1,210

図表６－10「経営に問題を抱えた企業を支えるのは金融機関の使命である」への共感度

	地方銀行	第二地銀	信用金庫	信用組合	総　計
①強く共感（同意）	33.8％	29.7％	32.9％	28.3％	32.5％
②ある程度共感	51.4％	48.6％	49.3％	47.8％	50.0％
③多少共感	13.6％	19.8％	15.2％	21.7％	15.7％
④ほとんど共感しない	1.2％	0.9％	2.3％	2.2％	1.6％
⑤まったく共感しない	0.0％	0.9％	0.2％	0.0％	0.2％
回答者数	597	212	434	92	1,335

同じような趣旨で、「経営に問題を抱えた企業を支えるのは金融機関の使命である」という文章への共感度を、「①強く共感（同意）」「②ある程度共感」「③多少共感」「④ほとんど共感しない」「⑤まったく共感しない」の五段階で評価してもらった。その結果をみると（図表6―10参照）、三二・五％の支店長が「強く共感」と回答している。逆に、「ほとんど共感しない」や「まったく共感しない」を選ぶ支店長はほとんどいなかった（わずか一・八％）。

このように、地域金融機関の支店長の大半は、メインバンク先企業を支援したいし、そうすべきであるという強い思いを抱いているのである。

6 現実は顧客と密着できなくなっている

(1) メインバンク職員の訪問頻度が低下

リレバンのビジネスモデルは、財務諸表に現れない顧客の強みを理解することから始まる。そのためには、顧客との日常的な接触は不可欠である。そこで多くの地域金融機関が、顧客とのface-to-faceの関係を重視してきた。

しかしながら、筆者が実施した中小企業アンケート調査(二〇一四年一〜二月実施)において、中小企業に対して「メインバンク職員の訪問頻度は五年前と比較して、どのように感じられますか?」と尋ねてみたところ、「増加」との回答は八・三%しかなく、他方で「減少」との回答は二〇・四%に達した(注)。特に、従業員規模が小さい企業ほど「減少」の回答は多く、「10人以下」企業では二八・六%が「減少」と回答している(図表6−11参照)。その結果、メインバンクの職員の訪問がまったくないという企業の比率も、「10人以下」の企業では一六・三%もあった。このように、近年、金融機関による企業訪問の頻度は減っており、とりわけ小規模企業や業績の悪い企業での減少が顕著となっている。

(注) この調査は、科学研究費基盤研究(A)「市場のグローバル化と地

図表6−11　メインバンク職員の訪問頻度の5年前との比較

	10人以下	11〜20人	21〜50人	51人以上	全　体
増　加	8.2%	3.8%	11.3%	6.7%	8.3%
減　少	28.6%	26.6%	19.1%	16.1%	20.4%

(出所)　家森・津布久〔2015〕

域の政策対応に関する理論・実証研究」（研究代表者：小川光・東京大学教授）の一環として実施した。具体的には、西日本一七府県（長野県、岐阜県、静岡県、愛知県、三重県、滋賀県、京都府、大阪府、兵庫県、奈良県、和歌山県、鳥取県、島根県、岡山県、広島県、山口県、福岡県）に本社を置く製造業の企業（ただし、従業員数一〇〇名以下）を対象に二〇一四年一月〜二月に実施した。帝国データバンクのモニター・データベースに所在する一〇四三社に調査票を送付し、四八四社（回収率四六・四％）から回答を得た。詳しい分析は、家森・津布久（二〇一五）を参照されたい。

(2) 営業職員の一カ月当り訪問先数も減少

今度は支店長アンケートによって、訪問頻度が減っている事情を金融機関の側から確認してみよう。まず、営業職員が一カ月に一回以上の頻度で有効面談している事業性の取引先について、「一人の担当者の一カ月間の訪問先数は三年前と比べてどうですか？」と尋ねてみたところ、増加よりも減少のほうが一〇％ポイントほど多かった（注）。

本調査ではさらに、その増減の理由を尋ねている（図表6－12参照）。「増加」の理由をみると、「担当企業数の増加」が四二・一％で最も多く、「訪問先での滞在時間の短時間化」も一八・九％と高い回答となっている。つまり「増加」金融機関では、担当者の担当先数が増えて、一先当りのコンタクトの密度は下がっている可能性がある。さらに、「新規開拓に要する時間の長時間化」との回答も二割を超えており、従来の取引先との関係性を増すために訪問頻度を上げているというよりも、既存の顧客への対応を減らしてでも新規獲得に時間をかけているのが実態のようである。

訪問先数が「減少」と回答し

図表６－12　１人の担当者の１カ月間の訪問先数の増減回答別の変化の要因

	訪問先数増加	横ばい	訪問先数減少
①担当企業数の増加	42.1%	3.9%	4.8%
②担当企業数の減少	2.4%	11.4%	41.5%
③担当者の渉外活動時間の長時間化	21.2%	5.1%	5.0%
④担当者の渉外活動時間の短時間化	6.1%	13.6%	42.2%
⑤新規開拓に要する時間の長時間化	23.6%	8.8%	15.1%
⑥新規開拓に要する時間の短時間化	6.7%	4.8%	7.2%
⑦訪問先での滞在時間の長時間化	1.7%	11.0%	20.9%
⑧訪問先での滞在時間の短時間化	18.9%	3.1%	3.8%
⑨取引先による訪問頻度の格差の拡大	12.5%	12.3%	21.3%
⑩取引先による訪問頻度の格差の縮小	14.8%	3.5%	2.9%
回答者数	297	544	417

ている支店長があげる理由としては、「担当者の渉外活動時間の短時間化」が最も多いが、特に注目したいのは「取引先による訪問頻度の格差の拡大」をあげる支店長が多いことである。「訪問先での滞在時間の長時間化」の比率も高いことから、一部の取引先とのコンタクトの密度を重点的に高める戦略をとる金融機関が増えているようである。金融機関の重点先

図表6－13　職員の訪問頻度の決定要因（複数回答可）

	地方銀行	第二地銀	信用金庫	信用組合	総　計
①借り手の企業規模	31.5%	26.8%	27.6%	14.0%	28.3%
②借入れの残高	50.8%	57.7%	46.3%	38.7%	49.6%
③新規借入れ、商品販売の見込み	63.5%	66.7%	64.4%	64.5%	64.4%
④経営状態	43.6%	47.9%	46.1%	53.8%	45.8%
⑤長年の付合い	27.6%	31.0%	41.1%	37.6%	33.2%
⑥企業側の要望、ニーズ発掘	62.9%	65.7%	61.6%	69.9%	63.4%
⑦本店・本社の方針	6.1%	9.4%	4.8%	11.8%	6.6%
⑧支店長の方針	11.4%	13.6%	13.5%	15.1%	12.7%
⑨競合店の動向に対抗	32.5%	35.2%	35.4%	29.0%	33.6%

から外れる、小規模企業への訪問頻度が下がっているという図表6―11の結果と符合している。

続いて、職員が定期的に訪問している先の訪問頻度を決める要因として重要なものは何かを尋ねてみた（複数回答可）。図表6―13に示したように、「新規借入れ、商品販売の見込み」が最も多い。これは後述するように、現在の人事評価が新規貸出額や手数料収入を重視していることと整合的である。

（注）　具体的には、「大きく増加」や「やや増加」が二三・六％であるのに対して、「やや減少」と「減少」が三三・一％となっている。

7 目利き力のある職員が育たない環境

リレバンの機能強化を図る地域金融機関は、職員の目利き力の向上を優先的な経営課題としているはずである。ところが、「ご自身の若い頃と比べて、現在の法人営業担当者の平均的な「目利き力」をどのように評価されますか?」と尋ねたところ、「向上」は

図表６－14　現在の法人営業担当者の平均的な「目利き力」の評価

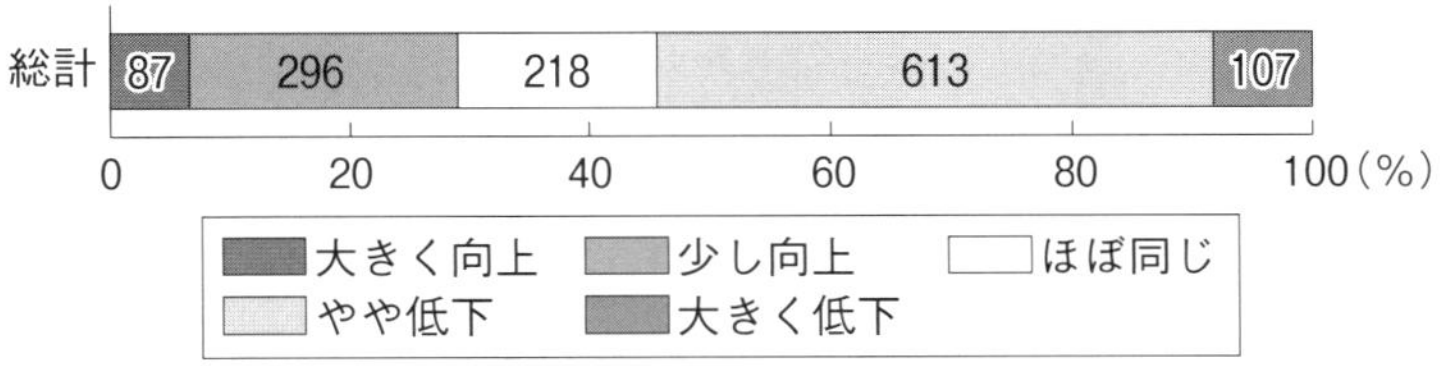

図表６－15　法人営業担当者が取引先との接触に使える時間の割合

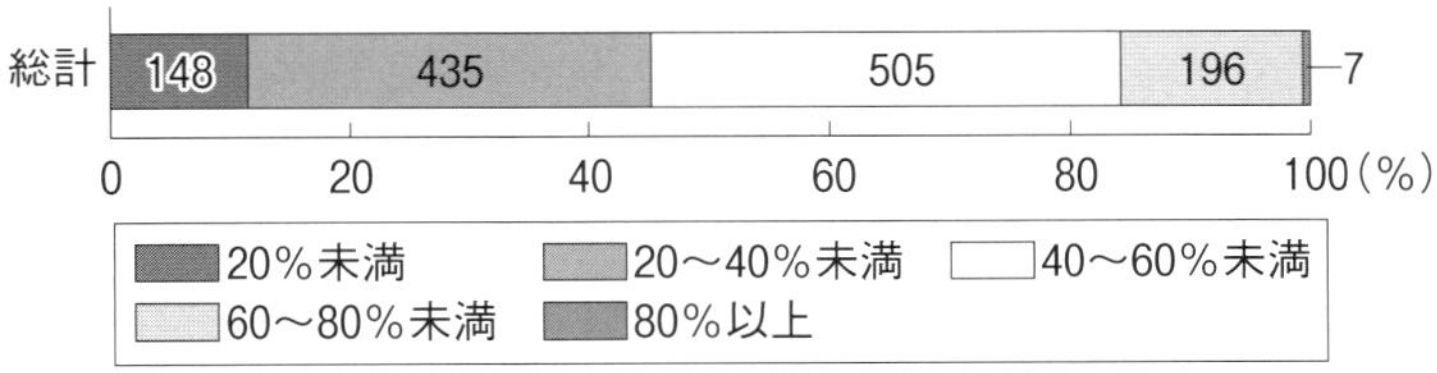

図表６－16　法人営業担当者が取引先との接触に使える時間の割合の変化（３年前との比較）

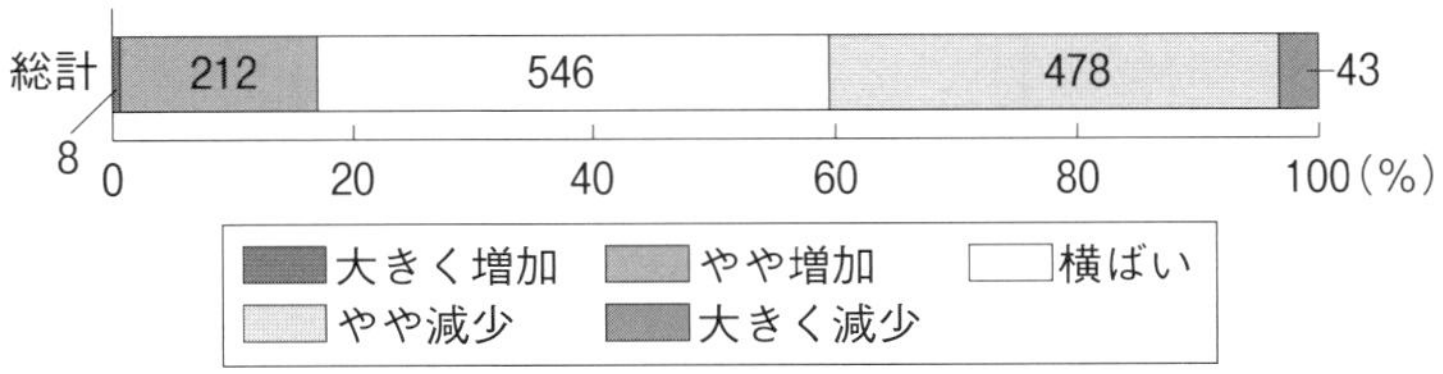

三〇%に満たず、逆に「低下」が五五%ほどとなっている（図表6－14参照）。過半数の支店長が自らの若い頃と比べて、現在の法人営業担当者の目利き力が落ちていると判断していることになる。要するに、目利き力のある職員が育っていないのである。

目利き力を高めるには、顧客と接触して経験を積むことが必要である。しかし今日の地域金融機関の支店現場では、そうした経験が十分に積めなくなっているようである。図表6－15に示したように、法人営業担当者が取引先との接触に使える時間が全勤務時間に占める割合は、「40～60%未満」という回答が最も多く（三九・一%）、「20～40%未満」が次に多い（三三・七%）。六割を超えるのはわずか一五%ほどである。

しかも、図表6－16に示したように、法人営業担当者が取引先との接触に使える時間の割合は、最近になって減っているとの回答が圧倒的に多い。つまり、地域密着の姿勢を強みと思いながらも、顧客と営業担当者の密着度は一部の顧客を除くと弱くなってしまっており、目利き力のある職員が育っていないのである。

8 支店長自身のコンサルティング能力

(1) 意外に低い？　効果的な助言・情報提供の経験比率

若手職員の目利き力を高めるために、支店において支店長自らＯＪＴを通じて指導することが考えられる。それでは、先生たる支店長自身の目利き力はどの程度のレベルだろうか。ここでは、支店長自身が取引先企業に対する各種の助言や情報提供を行った経験があるかを尋ねた質問の結果からみてみよう。

本調査では、次の一五項目について、過去に自分自身で取引先に対して助言や情報提供を行ったことがあるか否かを尋ねてみた。

具体的には、①新しい販売先、②新しい技術やその技術の入手方法、③新しい仕入先、④人材、⑤不動産（たとえば、工場用地など）、⑥新しい資金調達方法、⑦国や地方公共団体などの公的支援策のうち金融関連のもの（信用保証制度や制度融資など）、⑧国や地方公共団体などの公的支援策のうち金融関連以外のもの（各種の補助金など）、⑨資金調達・財務に関する当該企業の状況に即したアドバイス、⑩経営管理・経営戦略に関する当該企業の状況に即したアドバイス、⑪潜在的な資本提携先、⑫潜在的な事業承継先、⑬税務に関する当該企業の状況に即したアドバイス、⑭海外展開への支援、⑮リスクマネジメントに関するアドバイス、である。

そしてさらに、その助言や情報提供が企業の経営改善に相当程度の効果があった経験があるかを尋ねてみた。以上の結果は、図表6－17に示したとおりである。

助言がしばしば行われている項目は、「⑨資金調達・財務に関する当該企業の状況に即したアドバイス」八一・〇%、「①新しい販売先」七六・六%、「⑦国や地方公共団体などの公的支援策のうち金融関連のもの（信用保証制度や制度融資など）」七六・四%、「⑤不動産（たとえば、工場用地など）」七五・三%であった。この質問では、これまでの支店長のキャリアのなかで一度でもあれば「あり」と回答する質問になっていることを考えると、この結果をご覧になって意外に比率が低いという印象をもつのではないだろうか。

複数回答が可能な設問なので、各人がいくつ選択しているかを調べてみたところ、一つも選択していない支店長はさすがに二・五%にとどまるが、五つの項目までしか選択して

図表6－17　支店長が助言をした事項や経営改善につながった事項（複数回答可）

項　目	助言をした事項	効果があった事項
①新しい販売先	76.6%	36.0%
②新しい技術やその技術の入手方法	24.8%	7.9%
③新しい仕入先	49.3%	19.5%
④人　材	33.3%	11.6%
⑤不動産（たとえば、工場用地など）	75.3%	35.4%
⑥新しい資金調達方法	65.2%	39.9%
⑦国や地方公共団体などの公的支援策のうち金融関連のもの（信用保証制度や制度融資など）	76.4%	56.1%
⑧国や地方公共団体などの公的支援策のうち金融関連以外のもの（各種の補助金など）	50.0%	24.3%
⑨資金調達・財務に関する当該企業の状況に即したアドバイス	81.0%	53.4%
⑩経営管理・経営戦略に関する当該企業の状況に即したアドバイス	61.9%	32.6%
⑪潜在的な資本提携先	11.9%	4.3%
⑫潜在的な事業承継先	30.5%	10.3%
⑬税務に関する当該企業の状況に即したアドバイス	51.5%	20.4%
⑭海外展開への支援	27.7%	9.0%
⑮リスクマネジメントに関するアドバイス	36.3%	11.0%

いない支店長の比率だと三二・六％になる。

(2) コンサルティング成功経験も少ない

内容のない助言では効果をもたないどころか、取引先にとっては逆に有害ですらある。そこで、その助言や情報提供が効果的だったかをみてみよう。回答結果は図表6－17の右列に示している。

半数以上の支店長が効果的な助言をしたことがある項目は、「⑦国や地方公共団体などの公的支援策のうち金融関連のもの（信用保証制度や制度融資など）」と「⑨資金調達・財務に関する当該企業の状況に即したアドバイス」だけであり、そのほかはすべて四〇％未満である。この数値は自己評価であり、効果について過大評価している可能性があるにもかかわらず、この程度の比率でしかない。

しかも多くの項目で、助言をした経験の比率に比べると、効果があったという選択比率は大幅に低い。たとえば「①新しい販売先」について助言したことがあるのは八割弱に達しているが、それが効果的だったとする回答は四割弱にとどまっており、四〇％ポイントも少なくなっている。一五項目のうち、一つも効果的な助言をしたことがない支店長が全体の一五・三％もいる。逆に、六つ以上の効果的な助言をした経験があるのはおおよそ二五％の支店長にとどまる。

このようにリレバンの最前線にいる支店長でも、コンサルティングの成功体験を十分にもっている人は必ずしも多くないのである。リレバンへの取組みの歴史（注）を振り返ると、ついこの間まで金融機関が企業に対してコンサルティングを行うことは本業とは思われていなかったのであるから、やむをえない面もある。

（注）二〇〇二年一〇月三日、竹中平蔵金融担当大臣（当時）が記者会見で「リレーションシップバンキング」という言葉を初めて使った。その後、同年一〇月三〇日に公表された金融再生プログラムで、中小・地域金融機関の不良債権処理については、リレバンのあり方を多面的な尺度から検討したうえで、同年度内をメドにアクションプログラムを策定する方針が示され、翌二〇〇三年三月二八日に「リレーションシップバンキングの機能強化に関するアクションプログラム」が公表された。これにより、中小・地域金融機関は同年八月までにリレバンの機能強化計画を提出することが求められ、以降、リレバンへの取組みが本格化していった。なお二〇〇七年八月二三日、「中小・地域金融機関向けの総合的な監督指針」改正に伴い、地域密着型金融（リレバン）の推進は恒久化されている。

(3)「育成」「提供」の二課題に同時並行的に挑戦

押さえておくべき現状認識として、コンサルティング機能の発揮を経験しないまま支店長にまで昇進した人が少なからずいるということである。こうした実態をふまえると、若手職員の目利き力の養成を現場だけに任せておくわけにはいかない。一方、本部がお題目を唱えるだけでは、目利き力は高まらないことも事実であり、本部の真に有効なサポートが現場の目利き力を高めるために必要である。

ビジネスモデルの転換期であるがゆえに、現場でのコンサルティング力およびその育成力が十分ではないなかで、現場力を高めながら、しかも顧客に対して質の高い地域密着型金融を提供していかねばならない。「育成」と「提供」という二つの課題に同時並行的に挑戦することが、地域金融機関には求められている。

9 地域密着型と矛盾する人事評価

(1) 経営支援活動は低い評価しかもらえない

筆者は長らく、「地域金融機関が地域密着型金融(リレバン)や地方創生に十分に取り組めていない理由は人事制度にあるのではないか!?」と考えてきた。

そこで支店長アンケートで、一般職員の業績を評価する際に、「貸出額およびその伸び」「預金およびその伸び」「経営支援への取組み」「新規貸出先の獲得」「ビジネスマッチングの成約」「収益額」「コンプライアンス」の七つの項目について、どのようなウェイトで評価するかを尋ねてみた。ウェイトについては、「①非常に重要」「②ある程度重要」「③考慮するが参考程度」「④ほとんどゼロ」および「⑤わからない」の五つの選択肢から選んでもらうことにした。その結果が図表6－18である。

「①非常に重要」の比率でみると、最も重要性の高いのは「コンプライアンス」であった。これは、昨今の情勢を考えると当然の結果であろう。コンプライアンスでのミスは致命的になりかねないので、マイナスの方向での決定的な評価ポイントだと思われる。

これを別にすると、最も重視されているのは「新規貸出先の獲得」である。五五・三%の支店長が「非常に重要」と回答している。続いて、「貸出額

図表6－18　一般職員の業績評価項目（ウェイト）

	①非常に重要	②ある程度重要	③考慮するが参考程度	④ほとんどゼロ	有効回答者数
貸出額およびその伸び	51.1%	41.1%	7.1%	0.7%	1,321
預金およびその伸び	18.6%	51.5%	24.5%	5.4%	1,325
経営支援への取組み	15.2%	55.4%	25.4%	4.1%	1,317
新規貸出先の獲得	55.3%	39.2%	5.4%	0.2%	1,319
ビジネスマッチングの成約	12.3%	51.8%	29.3%	6.5%	1,313
収益額	41.0%	38.5%	16.1%	4.4%	1,309
コンプライアンス	60.7%	29.1%	8.9%	1.4%	1,319

（注）　未回答者および「わからない」と回答した人を除いて、有効回答者として比率を計算している。

および伸び」が五一・一%と高い回答率である。

一方で、「経営支援への取組み」を「非常に重要」と回答している支店長はわずか一五・二%にとどまっている。支援の一つの方法である「ビジネスマッチングの成約」は、七つの評価項目のなかで重要度はより低く、「考慮するが参考程度」や「ほとんどゼロ」が計三六%にも達している。

こうした評価のウェイトを前提にした場合、支店の職員の立場からすれば、「もともと短期的に成果の出にくい経営支援活動に時間を使っていては低評価しかもらえない」ということになる。そして職員は、「高い評価を受けるには新規の貸出先を探して歩くのが最も効率的だ」と考えるはずである。

これでは、英語力のある学生をとりたくて入学試験の前に「本校は英語を重視しています」と案内しながら、試験での英語の配点ウェイトを低くしているようなものである。それでは、英語の得意な学生が集まらないのは自明であろう。

(2) ボリューム重視の従来型人事評価が依然主流

本調査ではさらに、各評価項目のウェイトが三年前と比較してどのように変化したかを、「①大きく上昇」「②やや上昇」「③横ばい」「④やや低下」「⑤大きく低下」の五択で回答してもらった。その結果が図表6－19である。

図表6－19　一般職員の業績評価項目（3年前と比較した重要性の変化）

	①大きく上昇	②やや上昇	③横ばい	④やや低下	⑤大きく低下	有効回答者数
貸出額およびその伸び	14.3%	23.5%	59.9%	2.1%	0.2%	1,310
預金およびその伸び	5.0%	16.1%	71.8%	6.8%	0.3%	1,309
経営支援への取組み	16.1%	40.1%	42.8%	0.8%	0.2%	1,307
新規貸出先の獲得	18.4%	30.1%	50.5%	0.9%	0.2%	1,307
ビジネスマッチングの成約	11.5%	35.1%	51.5%	1.7%	0.3%	1,306
収益額	17.5%	32.3%	48.6%	1.6%	0.0%	1,309
コンプライアンス	30.9%	27.9%	40.7%	0.3%	0.2%	1,306

（注）　未回答者を除いて、有効回答者として比率を計算している。

「大きく上昇」と回答した支店長の比率でみると、最も高いのが「コンプライアンス」の三〇・九％である。コンプライアンスを除くと「新規貸出先の獲得」が最も多く、次に「収益額」が続き、ようやく三番目に「経営支援への取組み」があがっている。救いは、「大きく上昇」と「やや上昇」を加えた「上昇」全体で比較すると、コンプライアンスを除けば「経営支援への取組み」が最も高い値となっていることである。

以上をまとめると、「経営支援への取組み」を重視した人事評価に変わろうとしている金融機関が増えてきてはいるものの、過去の「預金重視」や「貸出金重視」といったボリューム重視の時代の人事評価から十分な変化が実現しておらず、先の図表6－18に示したように、地方創生や地域密着型金融（リレバン）の推進とは矛盾する、従来型の人事評価がまだ主流のままになっているのである。

10 人事評価を変えれば現場は変わる

(1) インセンティブを提示すれば職員は成長する

金融庁も、地域金融機関の行動を変えるには人事評価が重要だ、との問題意識を有している。このことは、「平成27事務年度　金融行政方針」で、**「事業性評価及びそれに基づく融資・本業支援等について、職員の能力向上、専門人材の育成・確保、実績評価・人事評価における明確な位置付け等、組織全体として取り組むための態勢整備（経営計画等における明確化を含む）を行っているか」**を、具体的重点施策の一つに掲げていることにも明確に現れている。

支店長アンケートでは、人事評価が重要であると判断できる証拠も得られている。たとえば、支店長に対して、「貴支店の営業担当者のコンサルティング能力の三年前と比べた変化の状況」を尋ねてみた結果がそうである。

図表6－20に示したように、営業担当者のコンサルティング能力が三年前に比べて向上したと考えている支店長五七〇人の支店に関してみると、一般職員の業績評価において、「非常に重要」と回答した比率が最も高いのは、コンプライアンスを別にすれば「経営支援への取組み」であった。

それに対して、コンサルティング能力が悪化していると答えた一八四人の支店長の金融機関では、「経営支援への取組み」は「収益額」や「新規貸出先の獲得」よりも低い選択率となっている。つまり、「経営

図表6－20　一般職員の業績評価項目のウェイトとコンサルティング能力の向上

		一般職員の業績評価において「非常に重要」と回答した比率							
		①貸出額およびその伸び	②預金およびその伸び	③経営支援への取組み	④新規貸出先の獲得	⑤ビジネスマッチングの成約	⑥収益額	⑦コンプライアンス	回答者数
貴支店の営業担当者のコンサルティング能力の変化の状況（3年前と比べた比較）	向上	15.8%	5.1%	20.9%	19.6%	11.8%	16.8%	32.8%	570
	横ばい	12.6%	5.3%	11.7%	17.6%	9.9%	17.2%	30.6%	494
	悪化	14.7%	3.8%	15.2%	17.4%	13.0%	21.2%	29.9%	184

支援への取組み」を高く評価する金融機関のほうが、職員のコンサルティング能力は向上しているのである。地域金融機関の職員に適切なインセンティブを提示すれば、その方向に職員は成長していくことが期待できるといってよいだろう。

(2) 職員は評価されていない項目には取り組まない

同様のことは、ビジネスマッチング活動についても明らかになっている。図表6－18に示したように、ビジネスマッチングの成約を人事評価において非常に重視するのはわずか一二・三％で、ビジネスマッチングへの評価が低い。しかし実際に企業を支援するうえで、ビジネスマッチングは最も有効な方策であると考えられる。企業が事業を成長・再生させるためには、自社内のリソースだけではむずかしくなっており、一方で金融機関自身も多くのノウハウをもっているわけではないからである。

ふさわしい連携先となる企業や団体、大学を見つけてきて、それらとの連携に伴い生じるさまざまな問題解決に、いかに助力できるかが、地域金融機関の力の見せ所であろう。

支店長アンケートでは、当該支店のビジネスマッチングの過去三年以内の実績数を尋ねている。その回答結果と、「ビジネスマッチングの成約」の評価上のウェイトとの関係を示したのが、図表6－21である。

「ビジネスマッチングの成約」を人事評価上、「非常に重要」だと答えている一六一支店長の支店では、過去三年間の成約件数が「20件以上」という回答が一八・六％あるのに対して、評価上のウェイトが「ほとんどゼロ」という八二支店長の支店では「20件以上」という回答はわずか一・二％しかなく、反対に「0件」という回答が四〇％を超えている。「評価されていないような項目について取り組む支店職員はいない」という当然の現象が、結果として示されている。

図表6－21　業績評価におけるビジネスマッチングの評価上の重要性と成約件数

	過去3年以内のビジネスマッチングの成約件数					回答者数
	①0件	②1～3件	③4～9件	④10～19件	⑤20件以上	
非常に重要	14.3%	31.1%	21.7%	14.3%	18.6%	161
ある程度重要	19.1%	35.9%	23.9%	8.8%	12.3%	660
考慮するが参考程度	28.4%	39.8%	18.0%	6.9%	6.9%	377
ほとんどゼロ	41.5%	45.1%	8.5%	3.7%	1.2%	82

(3) 人事評価上の重要度と成果は密接に相関する

さらに本調査では、「貴支店としてのビジネスマッチングの課題としてはどのような点がありますか?」という質問をして、「意欲のある取引先が少ない」「紹介できるような技術・特徴のある取引先が少ない」「取引先について十分な情報がない」「職員にビジネスマッチングを成功させる知識・ノウハウがない」「ビジネスマッチングは手間がかかる割に見返りが少ない」「本部からの有用な情報提供が少ない」という六つの選択肢のなかから、該当するものをいくつでも選んでもらった。その回答結果と、人事評価におけるビジネスマッチングの重要度をクロス集計してみたのが図表6－22である。

この結果をみると、「非常に重要」と回答した一六一支店長のうち、四四・一%が「職員にビジネスマッチングを成功させる知識・ノウハウがない」ことを課題としている。この比率が、重要度が「ほとんどゼロ」の八二支店では六七・一%まで高まっている。

人事評価においてビジネスマッチングを「非常に重要」とする支店でも職員の知識・ノウハウはまだまだ十分ではないが、人事評価上まったく重要視されていない支店では、そもそも職員が知識・ノウハウを身につける動機自体が乏しい以上、そうした知識が向上す

図表6－22　業績評価におけるビジネスマッチングの成約の重要性と「課題」

	人事評価におけるビジネスマッチングの重要度			
	①非常に重要	②ある程度重要	③考慮するが参考程度	④ほとんどゼロ
意欲のある取引先が少ない	19.3%	18.8%	22.8%	25.6%
紹介できるような技術・特徴のある取引先が少ない	43.5%	49.4%	48.8%	52.4%
取引先について十分な情報がない	25.5%	27.6%	19.9%	30.5%
職員にビジネスマッチングを成功させる知識・ノウハウがない	44.1%	42.3%	46.4%	67.1%
ビジネスマッチングは手間がかかる割に見返りが少ない	16.1%	18.0%	22.5%	34.1%
本部からの有用な情報提供が少ない	9.9%	10.5%	12.7%	19.5%
回答者数	161	660	377	82

ることはなく、大きな格差が生じているのは当然の結果であろう。

また、人事評価での重要度が低い支店の支店長ほど、「ビジネスマッチングは手間がかかる割に見返りが少ない」と否定的にとらえる傾向が強い。さらに「本部からの有用な情報提供が少ない」という回答も、人事評価上の重要度と密接に相関している。人事評価でのビジネスマッチングの軽視は、支店長や本部の取組みの本気度を反映しているのであろう。

もし「当機関のビジネスマッチング活動は低調だ」と嘆いている金融機関経営者がいるとすれば、ビジネスマッチング活動の人事評価上の取扱いを見直してもらいたい。支店長アンケートの結果は、人事評価上のウェイトを高めることが解決策の第一歩となることを示唆している。ウェイトが高まれば、現場からビジネスマッチングの情報を本部に対して強く求めるようになり、本部の部署も強化策を練るだろうし、ビジネスマッチングに関する指導をしてくれない支店長への不満が強まれば、支店長も勉強するだろう。

11 人事評価の改革を始めた金融機関も

(1) 硬直的で時代の変化に対応できない人事評価制度を打破

本章では、地域金融機関の人事評価制度が硬直的で時代の変化に対応できておらず、それが地域密着型金融（リレバン）や地方創生への取組みを不十分なものにしている可能性が高いと説明してきた。

幸い、最近、そうした現状を打破するような動きがみられるようになってきた。いくつか例をあげておこう。

「まち・ひと・しごと創生本部」の「モニタリング調査（二〇一五年七～八月実施）」によると、「地方創生の推進に向けて、自社の業績評価制度の見直し、あるいは推進に向けた進捗状況の管理体制の構築等を行っていますか?」という質問に対して、五二三金融機関のうち四〇・三％に当たる二一一金融機関が「行っている」と回答している。

図表6－23　各金融機関で進み始めた地方創生の推進に向けた業績評価制度の見直し

［具体的な実施内容等（主要回答）］

〈1．「業績評価制度」に関する内容〉

➢地方版総合戦略の策定への関与等に対し、加点方式でプロセスを評価

➢「地域活性化への取組み」として、起業、事業承継、M&A、事業再生、ビジネスマッチング、地域ボランティア活動等への取組みを評価し、1,000点中50点を配点（実績管理は年2回）

➢「コンサルティング機能の発揮」（取引先のライフステージに応じた支援）を特別評価分野として評価

➢創業・第二創業（事業計画策定支援、補助金等の活用、地公体・大学との連携、政府系金融機関との協調融資等）、地域資源の商品化・事業化支援への取組みを評価対象に設定

➢「適正な事業性評価に向けた目利き力の発揮状況」を新設

〈2．「進捗管理」に関する内容〉

➢総合支援部が事業の実施状況、プロセス等を把握し、営業店長のヒアリングを実施のうえ評価

➢ソリューション営業部地域振興課において地域ごとに進捗状況を管理

➢毎月、頭取・担当役員宛て「地方創生会議」にて進捗状況を報告

➢地方創生担当部署が取組状況を取りまとめ、おおむね四半期ごとに経営会議に報告

➢各部門が四半期ごとにPDCAチェック表による進捗管理を行うとともに、理事会に報告

（出所）　まち・ひと・しごと創生本部「地方創生への取組状況に係るモニタリング調査」（2015年10月）

その具体的な内容は図表6－23に示したとおりである。これによると、人事評価制度にも変化が起こり始めていることがわかる。

(2)「特徴的な取組事例」

「特徴的な取組事例」として取り上げられているのが、**南日本銀行**の「新規販路開拓コンサルティング『WIN‐WINネット業務』への取組み」である。同行は二〇一一年から、成果報酬型の新規販路開拓コンサルティングを「預金」「融資」と並ぶ「第三の本業」と位置づけて本格的に取り組んでおり、その姿勢を人事評価にも十分に反映している。すなわち業績表彰制度において、従来の評価項目である「収益」「基盤」「業容」に加えて、四つ目の項目としての新規販路開拓コンサルティングの取組実績を追加し、そのウェイトも従来の三項目と同等にしている。

第二に、**東和銀行**の例である。同行が二〇一五年に金融庁・金融機能強化審査会に提出した『経営強化計画』（同年六月）によると、東和銀行は、目利き能力の向上のために、次のような「定性評価」を試みている。

「お客様のニーズなどの情報取得・蓄積状況やお客様に適した相手先の検討状況、ビジネスマッチングに向けた僚店との協力状況、商談不成立となった場合の要因分析、紹介をした販路のお客様への売上増加貢献度を確認することなど、お客様の実態把握を起点とした定性評価の実施により、過度に取組み件数を重視することなく、お客様の実態把握の徹底と本業支援の質的向上を目指してまいります」

第三に、**北越銀行**の例である（注1）。同行は支店長の人事評価制度を見直して、融資額など営業成績を主体とした従来の方法に、取引先の評価やリスク管理能力などを加味している。専務や常務といった役員が取引先と接触して、支店長に対する「取引先の視点」を評価基準に盛り込むこととしている。

最後に、**北國銀行**の例である（注2）。同行はノルマを廃止し、「行動評価」に全面移行しており、本部からのトップダウン方式で支店に数値目標を与えることはやめている。たとえば、預り資産営業では行員がとるべき行動を決め、それにのっとった提案やサービス提供ができれば評価する。また、事業性融資でも個社別に事業の内容や成長性を適切に評価したうえでのソリューション提供を重視している。

ここで紹介した以外にも人事評価の改革は拡大中である。こうした変化が本当に定着するのかは、これからの数年が勝負であろう。

（注1）「北越銀、支店長の人事制度見直し――地銀競争ソフトで勝負、顧客の視点など加味、5段階で評価」日本経済新聞・地方経済面（新潟）二〇一四年三月一五日付、「北越銀行、支店長評価を見直し――地域の評判も重視」『ニッキン』二〇一四年四月四日号。

（注2）「北陸地区地銀、業績評価の見直し相次ぐ――北国銀行・ノルマを廃止」『ニッキン』二〇一五年五月二二日号。安宅建樹（北國銀行頭取）「課題解決型営業を徹底し、地域の成長を支援する」『週刊金融財政事情』二〇一五年一一月三〇日号三四頁。

【参考文献】

本章および第7章、最終章の参考文献を以下に示す。

家森信善（編）〔二〇一四〕『地域連携と中小企業の競争力―地域金融機関と自治体の役割を探る―』（中央経済社、二〇一四年二月）

家森信善「地方創生と信用金庫①～地域金融機関として期待されること～」『信用金庫』二〇一五年九月号一六頁

家森信善・津布久将史〔二〇一五〕「リーマンショック後の地方自治体と金融機関の企業支援―地方の中小製造業企業からみた評価と課題―」『経済経営研究年報』第六四号（二〇一五年三月）

家森信善・冨村圭・高久賢也（二〇一三）「リレバン10年の実態調査の概要―地域金融の現場からみた地域密着型金融―」『金融ジャーナル』二〇一三年七月号四六頁
家森信善・冨村圭・高久賢也（二〇一四）「地域金融の現場からみた地域密着型金融と中小企業金融の現状と課題―地域金融機関支店長向け実態調査の結果報告―」神戸大学経済経営研究所ＲＩＥＢ　ＤＰ２０１４－Ｊ04
家森信善・米田耕士（二〇一五ａ）「地域金融の現場からみた地域密着型金融の現状と課題―金融機関職員アンケート２０１４の概要―」神戸大学経済経営研究所ＲＩＥＢ　ＤＰ２０１５－Ｊ08
家森信善・米田耕士（二〇一五ｂ）「金融機関職員の視点から見た地域密着型金融の現状と課題―職員のモチベーションと人事評価の側面を中心に―」『国民経済雑誌』第二一二巻第五号（二〇一五年一一月）一七～三〇頁

第7章

職員にとって働きがいのある職場になっているか

家森　信善

1 支店長以外の職員の声は？

第6章9以下では、二〇一三年に筆者が実施した地域金融機関の支店長に対するアンケート調査の結果に基づいて、地域金融機関が地域密着型金融の深化に取り組んできているにもかかわらず、それが十分に浸透しない理由として、職員の人事評価にそうした取組みが十分に反映されていないことを指摘した。

もちろん人事評価が大事なのは、人事評価によって金融機関職員の意識が変わり、それが実際の行動を変えるからである。支店長アンケートは、これまでの同種のアンケート調査が金融機関の本店に対して実施されていたのと比べれば、現場に近いところの声を聞くことに成功したと自負している。

しかし支店長は、現場では評価者の立場である。人事評価の本当の当事者は、人事評価を受ける支店長以外の職員である。彼らこそが日々、取引先を訪問して地域を走り回っているのである。そこで、筆者は翌二〇一四年に金融機関職員に対してアンケート調査（以下、職員アンケート）を実施してみた。本章ではその結果を使って、地域密着型金融（リレバン）を金融機関に浸透させるための課題を探りたい。

2 調査の実施概要

この職員アンケートは、楽天リサーチのウェブモニターに登録している人を対象に実施した（注）。具体的には、二〇一四年一二月二四日に、協力依頼のメールを全国在住の男女二〇～六九歳の二万人に発送した。回答者にはまず、スクリーニングのために職業についての予備問題に回答してもらい、銀行等の職員と回答した者だけに本調査に移行してもらうこととした。翌二五日に回答数が予定数である四〇〇に達したために、回収を打ち切っている。

回答者の業態別の分布は図表7－1のようになっている。都市銀

図表7－1　勤務先の業態

合計	都市銀行	地方銀行	第二地方銀行	信用金庫・信用組合	その他
400	118	115	28	60	79
100.0%	29.5%	28.8%	7.0%	15.0%	19.8%

行と地方銀行がそれぞれ約三〇％、第二地銀が七％、信用金庫・信用組合が一五％、その他（ゆうちょ銀行、信託銀行、外資系銀行など）が約二〇％となっている。

回答者の役職（または営業店での最後の役職）について尋ねた結果（図表7－2参照）によると、支店長や支店長を超える上位の職位（本店の役員など）は全体の七％であり、人事評価を受ける下位の職位の人たちが多いサンプルであることが確認できる。

（注）詳しい分析結果は、家森・米田〔二〇一五a・b〕を参照されたい。

3 地域金融機関に就職した理由

職員アンケートではまず、現在の会社に就職した理由に

図表7－2　回答者の役職

合計	一般職員（正規職員）	一般職員（非正規職員、嘱託等）	主任、係長あるいは支店長代理	課長	次長あるいは副支店長	支店長	支店長を超える上位の職位	その他
400	113	48	97	54	35	20	8	25
100.0%	28.3%	12.0%	24.3%	13.5%	8.8%	5.0%	2.0%	6.3%

ついて尋ねてみた。具体的には、特に重要だった理由を一～三の選択肢から最大三つまで選んでもらった。その結果は図表7－3に示したとおりである。ここでは、都市銀行と地域金融機関（地方銀行、第二地方銀行、信用金庫・信用組合）の二つに分けて回答を整理している。

地域金融機関の職員で選択が最も多かったのは「地元で働ける」であ

図表7－3　現在の会社に就職した理由（3つまで回答可）

	都市銀行	地域金融機関
金融業に関心があった	46.6%	28.6%
自分を活かせる	18.6%	10.8%
地元で働ける	5.9%	49.3%
遠隔地への転勤が少ない	1.7%	21.2%
地元のために働ける	0.0%	15.3%
国際的に活躍できる	7.6%	1.0%
親近感があった	10.2%	5.4%
待遇が良かった	33.9%	10.8%
家族の勧めがあった	10.2%	11.8%
地域でのステータスが高い	5.1%	14.8%
経営が安定している	24.6%	24.1%
上記以外の積極的な理由	9.3%	3.4%
積極的な理由はなかった	15.3%	14.8%
回答者数	118	203

り、選択率は四九・三％に達している。二番目に多い「金融業に関心があった」が二八・六％なので、「地元で働ける」が地域金融機関の職員の就職の圧倒的に重要な理由であったことがわかる。また、「遠隔地への転勤が少ない」も二一・二％の職員が選んでいる。対照的に、都市銀行の職員では、「地元で働ける」を理由とする人はほとんど存在しない。

一方で、地域金融機関の職員であっても、「地元のために働ける」の選択率は一五・三％にとどまっている。「地元で働ける」の高い比率に比べると、「地元のため」の比率が低いことが印象的である。とはいえ、「地元のため」の回答比率が低いことを悲観的にとらえる必要はない。都市銀行の職員ではこの比率はゼロであり、一五％もいると積極的にとらえてもよいであろう。

こうした結果をふまえると、地域金融機関の経営陣が行うべきことは、「地元のため」とは強く思わず、「地元で働ける」と考えて就職してきた多くの職員が、「地元のために働ける」喜びを感じることができるような職場をつくっていくことである。

4 仕事のやりがい

第6章で指摘したように、現在の地域金融機関の多くは、地域（ないしは顧客）密着型のバンキングを展開したいと思いながらも、目先の計数の確保のため金利競争に陥ってしまっており、本当にやりたいことができていないのが実情である。そのような職場では、職員のやりがいは低くなってしまうのではないだろうか。もし職員の多くが「やりがい」を感じていないなら、そうした金融機関の将来が明るいはずはない。

職員アンケートで、この点を調べてみることにした。具体的には、「現在の仕事にどの程度のやりがいを感じているのか？」と尋ねてみた。

ここでは、職位によっても回答が異なると考えられることから、「一般職員（正規職員）」と中間管理職（「主任、係長あるいは支店長代理」＋「課長」＋「次長あるいは副支店長」）に分けて結果を整理してみることにした（図表7－4参照）。

回答結果をみると、都市銀行に比べて、全般的に地域金融機関の職員の「やりがい」の感じ方が弱いことがわかる。たとえば一般職員で比較すると、都市銀行では「ほとんど感じない」と「まったく感じない」は合計で一五％に満たないのに対して、地域金融機関では四〇％近い。中間管理職についても、都市銀行ではその値は一五％以下であるのに対して、地域金融機関では二五％を超えている。地域金融機関の中間管理職の四人に一人がやりがいを「感じない」状態にあると

図表７－４　現在感じる「仕事のやりがい」

	都市銀行		地域金融機関	
	一般職員	中間管理職	一般職員	中間管理職
非常に強く感じる	5.9%	9.1%	3.6%	5.2%
強く感じる	20.6%	34.1%	21.4%	11.5%
感じる	58.8%	43.2%	35.7%	57.3%
ほとんど感じない	11.8%	9.1%	32.1%	21.9%
まったく感じない	2.9%	4.5%	7.1%	4.2%
平均値	3.15	3.34	2.82	2.92
回答者数	34	44	56	96

（注）１．ここでは、一般職員は正規職員に限定した。また、中間管理職として、「主任、係長あるいは支店長代理」「課長」もしくは「次長あるいは副支店長」を想定した。
２．比率および平均値の計算においては、「わからない」と回答した人を除いている。
３．「やりがい」の平均値は、「非常に強く感じる」を５点、「強く感じる」を４点、「感じる」を３点、「ほとんど感じない」を２点、「まったく感じない」を１点として計算している。

いうのは、大変深刻な状況であるといえる。

地域金融機関の経営者は、職員に「やりがい」を十分に与えられていないということを反省し、「やりがい」を与えられる職場をつくることが急務である。

5 やりがいと人事評価の観点

(1) 人事評価は職員の「やりがい」に影響しているのか

第6章では人事評価の重要性を指摘したが、人事評価のあり方が職員の「やりがい」に本当に影響しているのか確認してみよう。

職員アンケートでは、主に渉外係の人事評価に関して、①既存顧客向け貸出額およびその伸び、②新規貸出先の獲得、③預金およびその伸び、④投資信託やデリバティブ、保険などの販売、⑤既存企業に対する経営支援への取組み、の五つの観点のそれぞれの重視度について、「非常に重要」「ある程度重要」「考慮するが参考程度」「ほとんどゼロ」「わか

図表7－5　人事評価と「やりがい」

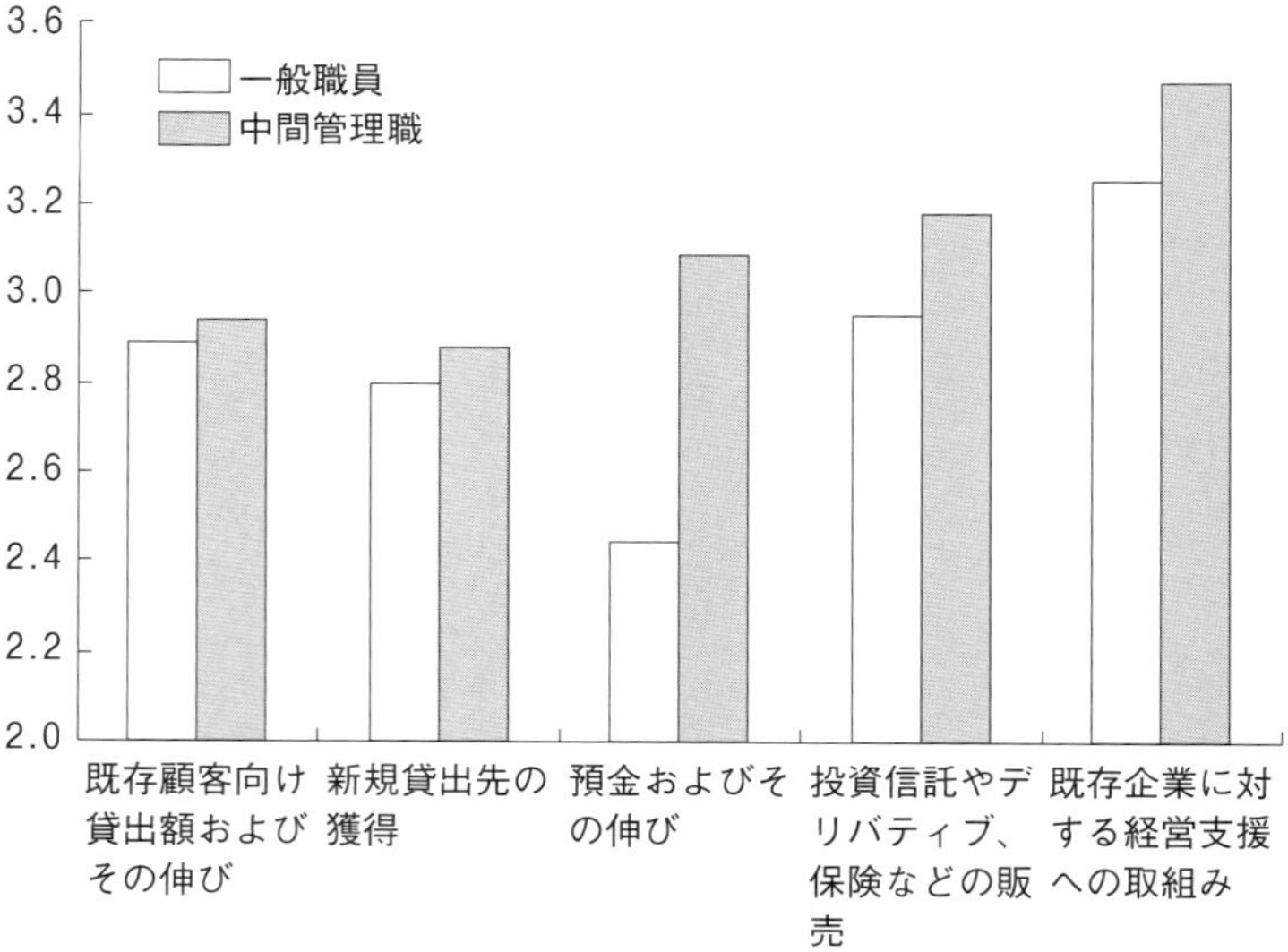

（注）　1．人事評価において5つの観点の重視度として「非常に重要」（4段階の最大評価）と回答した人の仕事の「やりがい」の平均値。やりがいの平均値は、「非常に強く感じる」を5点、「強く感じる」を4点、「感じる」を3点、「ほとんど感じない」を2点、「まったく感じない」を1点として計算している。

2．地域金融機関の職員のみを対象にしている。

らない」の五つの選択肢から選んでもらった（注）。

図表7－5は、その五つの観点について「非常に重要」と回答した人の「やりがい」の平均値を一般職員と中間管理職とに分けて計算してみた結果である。ここでは、「やりがい」の平均値は、「非常に強く感じる」を五点、「強く感じる」を四点、「感じる」を三点、「ほとんど感じない」を二点、「まったく感じない」を一点として計算しているので、数値が高いほど平均的に「やりがい」が強いということになる。

図表7－5をみると、一般職員と中間管理職のいずれの階層でも「既存企業に対する経営支援への取組み」を「非常に重要」と回答した地域金融機関で、職員の「やりがい」度が高いことがわかる。平均値のつくり方から、三点が「やりがい」のある組織か否かの境界になる。一般職員に関して、唯一その三点を超えているのは「既存企業に対する経営支援への取組み」を非常に重視している金融機関の場合である。

（注）具体的な質問内容は次のとおりである。
「貴行での人事評価（主に渉外係）において、次の五つの観点の重視度について、「非常に重要」「ある程度重要」「考慮するが参考程度」「ほとんどゼロ」「わからない」の五段階でお答えください。なお、自分の職掌ではない場合も、社内の会議等で感じられることを

ベースにお答えください」

(2) 「既存企業に対する経営支援への取組み」の重視が職員の「やりがい」を向上させる

より詳しく、「既存企業に対する経営支援への取組み」の重視度の影響をみてみよう。図表7－6は、「既存企業に対する経営支援への取組み」の重視度の四つの段階別に、「やりがい」の平均値を計算してみた結果である。

一般職員と中間管理職のいずれについても、「重視度」が高い金融機関ほど「やりがい」が高い、という明確な関係

図表7－6　「既存企業に対する経営支援への取組み」の重視度と「やりがい」

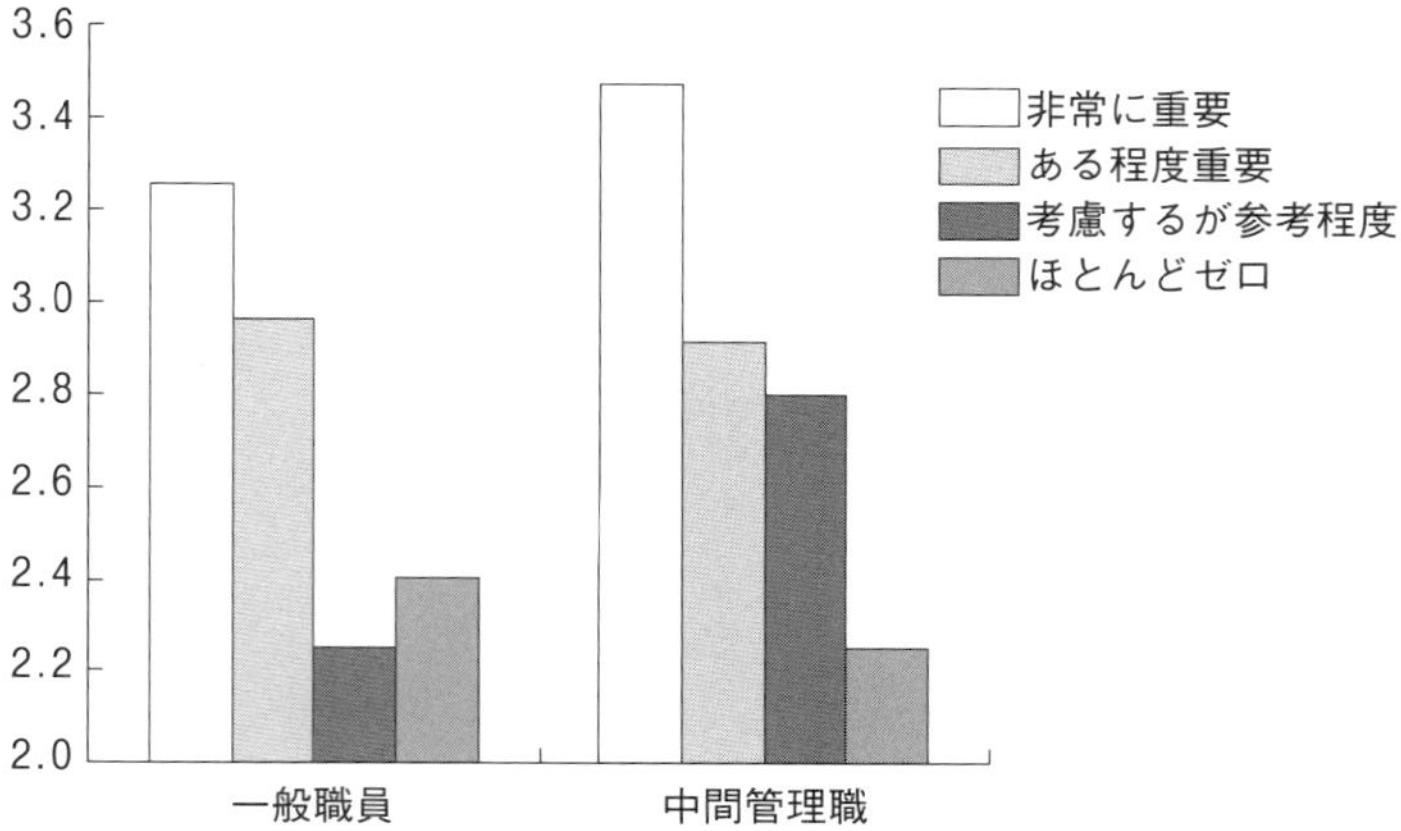

（注）　対象は、地域金融機関の職員。

がみられる。「考慮するが参考程度」や「ほとんどゼロ」であるとする金融機関に勤務する一般職員、および「ほとんどゼロ」であるとする金融機関に勤務する中間管理職の「やりがい」が低いことが目立っている。

図表7－5や図表7－6からは、よいニュースが浮かび上がってくる。つまり人事評価において、「既存企業に対する経営支援への取組み」に対する重視度を高めることが、平均的にみて職員の「やりがい」を向上させることにつながる、と期待できるということである。

(3)「新規貸出先の獲得」を重視しすぎるのは禁物

念のため、「新規貸出先の獲得」の重視度と「やりがい」の関係をグラフ化してみたのが図表7－7である。回答者が一名だった「ほとんどゼロ」を除いて考えると、「新規貸出先の獲得」の重視度と「やりがい」の間に関連があるようにはみえない。「既存企業に対する経営支援への取組み」とは異なり、「新規貸出先の獲得」の人事評価上のウェイトを高めても、職員の「やりがい」を改善することはむずかしそうである。

さらに細かくみると、一般職員も中間管理職も「ある程度重要」の場合が最も「やりがい」が高い。「新規貸出先の獲得」を重視しすぎるのは禁物、ということを示唆しているようにも思われる。

6 評価と指導

もちろん評価だけでなく、高い評価を得られるように指導することも重要であろう。この職員アンケートでは、企業再生や経営支援の業務に対して、上司が適切に指導し、また、正当に評

図表７－７　「新規貸出先の獲得」の重視度と「やりがい」

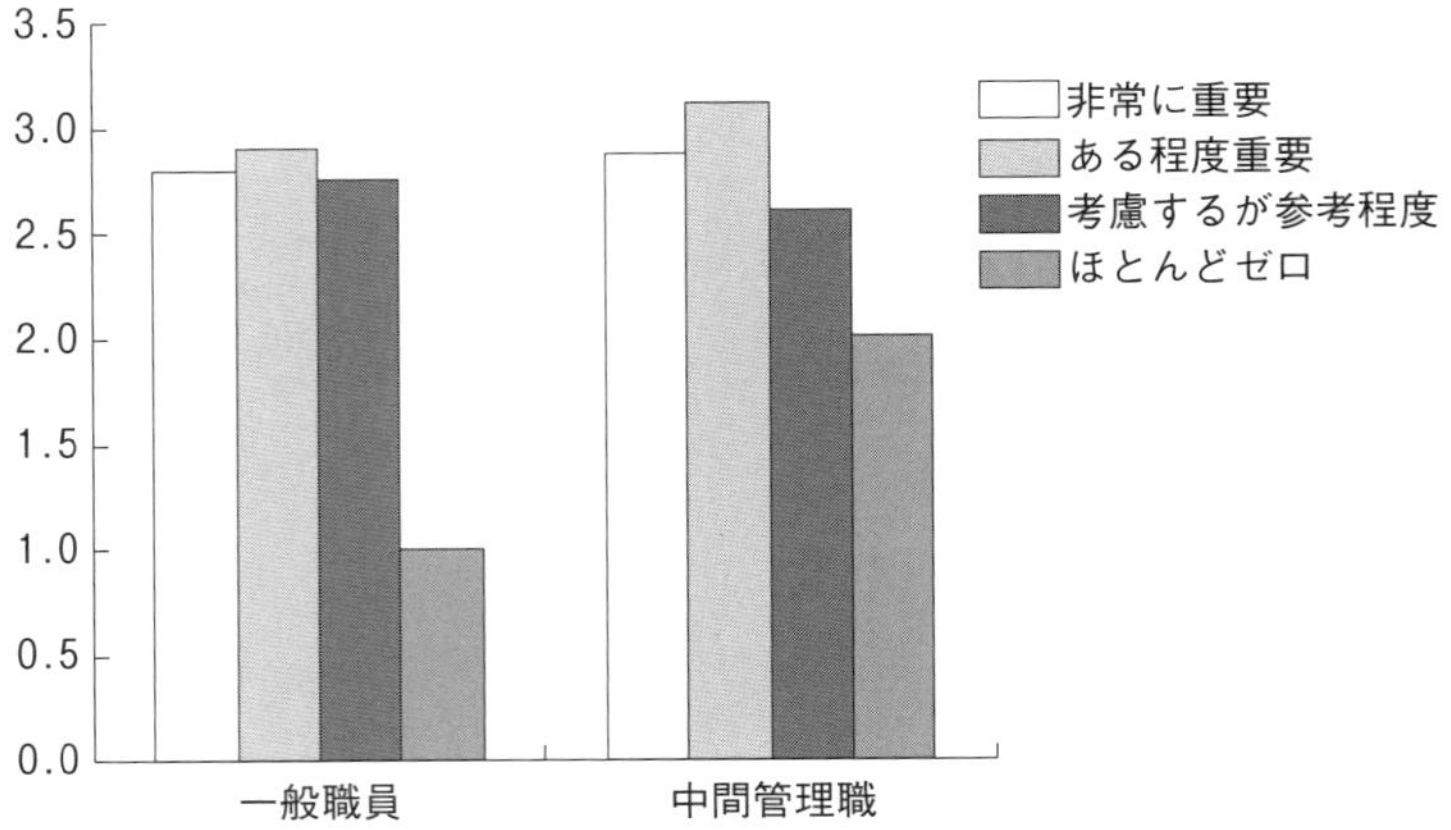

（注）１．「ほとんどゼロ」と回答したのは、一般職員と中間管理職ともにそれぞれ１名のみ。
２．対象は、地域金融機関の職員。

価をしているかを尋ねてみた（注）。

その結果をマトリックスにまとめてみたのが図表7－8である。図表の数値は、「やりがい」の平均値であり、いままで同様に点数が高いほど「やりがい」が強いことを意味している。

まず、一般職員の場合をみると、企業再生や経営支援の取組みに対する指導が適切で、評価が正当な場合（表では縦横の両方が○）には、「やりがい」は三・四四と高いのに対して、指導が適切でなく評価も正当ではないと感じている場合（縦横の両方が×）には、職員の「やりがい」は二・二二と非常に低い。

評価と指導のどちらもが大切であるのは間違いがないが、あえてどちらがより重要かを比べてみると、一般職員の場合は、「指導が適切」であるが「正当に評価されない」場合の「やりがい」が二・五七で、逆に「指導が不適切」で「評価

図表7－8　企業再生や経営支援への取組みに対する指導・評価の状況と「やりがい」

		一般職員		中間管理職	
		正当に評価		正当に評価	
		○	×	○	×
適切に指導	○	3.44	2.57	3.16	3.33
	×	3.00	2.22	3.13	2.80

が正当」の場合の「やりがい」が三・〇〇であることからすると、「正当な評価」がより大事だということになる。

中間管理職の場合は、自らも評価され指導されるとともに、部下を評価し指導する立場でもあるので、「やりがい」への影響は複雑である。ただし、図表7－8の右側部分によると、指導が適切で評価が正当な場合（表では縦横の両方が〇）のほうが、指導が適切でなく評価も正当ではないと感じている場合（縦横の両方が×）よりも「やりがい」が高いことは、一般職員の場合と同じであった。

（注）具体的な質問内容は次のとおりである。

「企業再生や経営支援など、金融機関に求められる役割は多様化し、また専門的知識を必要とする業務が増えていますが、これらの業務に対して、貴行では、上司が適切に指導し、またこれらの業務における取り組みを業績評価において正当に評価をしていますか。以下の中から一つを選んでください。

① 適切に指導し、正当に評価している。
② 適切に指導するが、正当には評価していない。
③ 適切に指導してくれないが、正当に評価している。
④ 適切に指導してくれないし、正当に評価もしていない。
⑤ わからない。」

7 「減点主義」から「加点主義」への転換の重要性

金融機関の職員は、失敗をおそれて新しいことにチャレンジしない傾向があるといわれる。その理由が人事評価における「減点主義」にある、との指摘も根強い。地方創生や企業再生の取組みは、時間がかかるし、失敗するリスクも大きい。減点主義的な人事評価体系では、職員の取組みが活発化しないのは当然であろう。

図表7－9に示したように、「減点主義」だとの回答が七～八割あり、依然として金融機関の人事評価は「減点主義」的な性格が強いようである。しかも図表には示していないが、「減点主義」と答えた人のうち、「その傾向は弱くなっている」と

図表7－9　人事評価は減点主義か加点主義か

	都市銀行		地域金融機関	
	一般職員	中間管理職	一般職員	中間管理職
減点主義	70.4%	78.9%	78.9%	83.3%
加点主義	29.6%	21.1%	21.1%	16.7%
回答者数	27	38	38	78

回答しているのは、地域金融機関の一般職員の場合、わずか一六・七％しかなく、減点主義からの脱却は進んでいない。

少し救いになるのは、中間管理職の回答結果である。減点主義と答えた中間管理職のうち、三六・九％（地域金融機関）が「その傾向は弱くなっている」と回答しているのである。おそらく変化は始まっているようだが、一般職員が感じるところまでの変化には至っていないということであろう。

人事評価が「減点主義」か「加点主義」であるかが職員の「やりがい」に影響するのだろうか。図表7－10はその調査結果である。「減点主義の性格が強く、従来よりもその傾向が強まっている」という地域金融機関に勤めている一般職員の「やりがい」は二・〇〇と非常に低い。一方、減点主義の性格が強くても、その傾向が弱まっている地域金融機関での一般職員の「やりがい」は三・二〇と三を大きく超えている。

そして、加点主義の地域金融機関の一般職員の「やりがい」は三・四〇～三・五〇と相当に高い。この結果から、一般職員にとって「やりがい」の強い職場をつくるには、一般職員が失敗をおそれず挑戦できるような人事評価体系を採用することが有効だと考えられる。

図表７－10　減点主義と加点主義による「やりがい」への影響

	都市銀行		地域金融機関	
	一般職員	中間管理職	一般職員	中間管理職
減点主義の性格が強く、従来よりもその傾向が強まっている	3.25	2.40	2.00	2.92
減点主義の性格が強く、従来から変化はない	3.20	3.38	2.75	3.04
減点主義の性格が強いが、従来よりもその傾向は弱まっている	3.25	3.58	3.20	2.96
加点主義の性格が強く、従来よりもその傾向が強まっている	3.50	3.50	3.40	2.71
加点主義の性格が強く、従来から変化はない	2.33	3.75	3.50	3.00

（注）　1.「金融機関の人事評価においては、加点主義ではなく、減点主義の要素が強いといわれますが、貴行の状況はどう評価されますか」と質問している。
2.「加点主義の性格が強いが、従来よりもその傾向は弱まっている」の選択は、ゼロないし１人であったので、図表には含めていない。

他方で、地域金融機関の中間管理職については、加点主義や減点主義による差異は小さく、「従来から変化はない」が全般的に好まれているようである。都市銀行の中間管理職では、減点主義が弱まり、加点主義が強まるほうが「やりがい」を感じる傾向があるのとはやや異なっている。

地域金融機関の中間管理職が変化を嫌うようになってしまっているとすると、地域金融機関がボトムアップ的に変わるのはむずかしく、トップの強力なリーダーシップが必要だということになる。

8 企業支援の取組みは「やりがい」を高める

(1) 企業支援のウェイト・目利き力の向上は「やりがい」を高める

最後に、企業支援の取組みそのものが、職員の「やりがい」に貢献することをいくつかの調査結果で示してみよう。

第一に、図表7−11は、個人の目標設定における融資以外の企業支援のウェイトが近年高まっているかどうかの判断と「やりがい」の関係を図示したものである。一般職員と中間管理職のいずれでも、融資以外の企業支援のウェイトが高まっていると「強く感じる」、あるいは「ある程度感じる」金融機関に勤務している人の「やりがい」が高い傾向がみられる。

第二に、目利き力の向上と「やりがい」の関係を示してみた。職員アンケートでは、「自分の中小企業をみる目利き力は向上していると思うか」を尋ねている。「向上している」と回答

図表7−11　企業支援のウェイトの高まりと「やりがい」

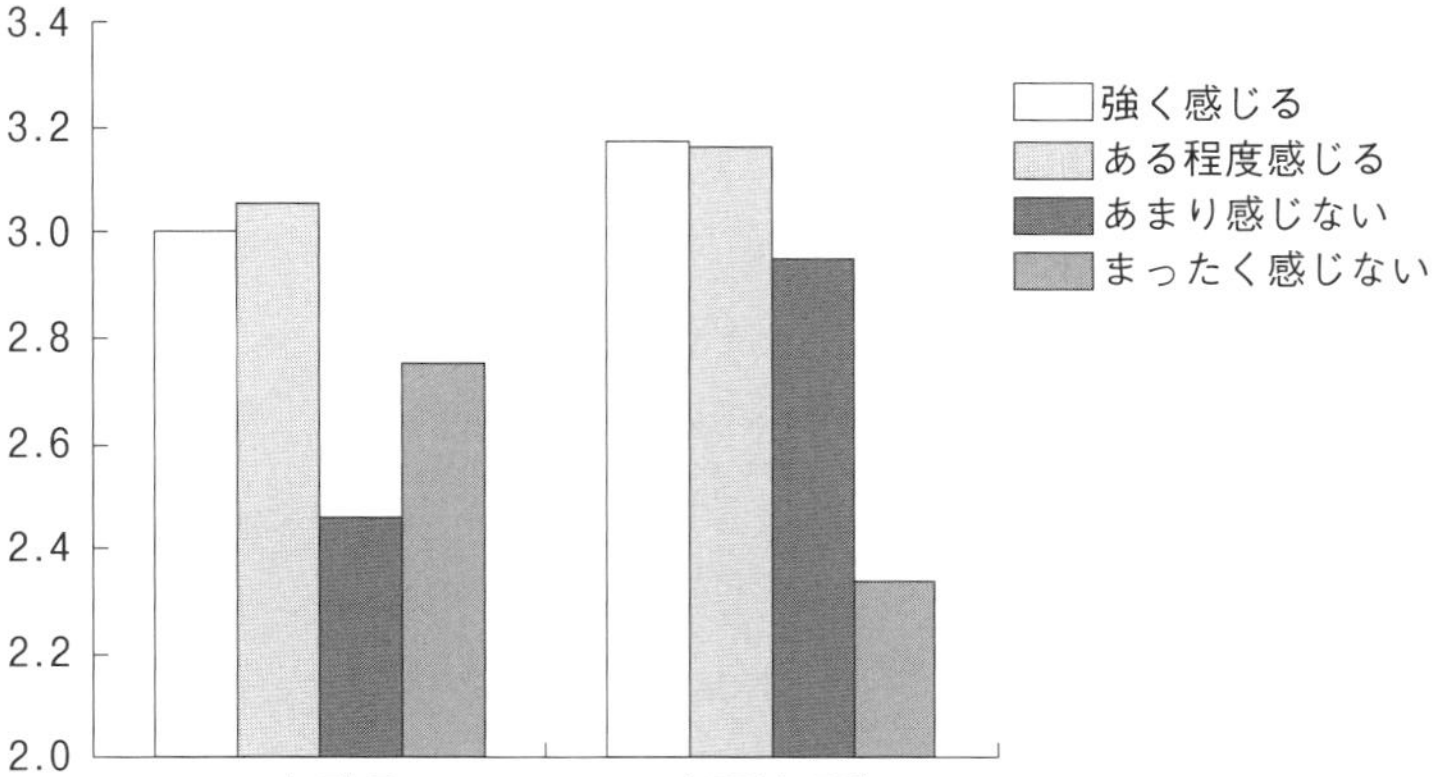

（注）　1.「個々人の目標設定において、融資以外の企業支援のウェイト（比重）が高まっていると感じますか？」と尋ねた質問への回答。
2．地域金融機関の職員の回答。

した人の平均的な「やりがい」を計算してみたのが図表7－12である。「向上している」人の「やりがい」は特に一般職員で高くなっており、目利き力の向上を実感できている人は「やりがい」を感じやすいことがわかる。目利き力を高めるような研修や環境の整備は、職員の「やりがい」向上に役立つはずである。

(2) 地方創生の活動で「やりがい」向上の可能性も

次に、さまざまな地域密着型金融（リレバン）の進展と「やりがい」の関係をみてみよう。職員アンケートでは、「過去5年を振り返って、貴行の変化として当てはまると思うもの」を、「取引先との関係の強化」「職員の経営改善支援への取組姿勢の強化」「職員のコンサルティング能力の向上」「職員の地域経済に対する関心の深まり」「貴行の

図表7－12　自己の目利き力の向上と「やりがい」

	都市銀行		地域金融機関	
	一般職員	中間管理職	一般職員	中間管理職
やりがい	4.17	3.08	3.33	3.08
回答者数	6	12	3	27

（注）「自分の中小企業を見る目利き力は向上している」を選択した人の「やりがい」の平均値。なお、地域金融機関の一般職員の「やりがい」の平均値は2.82、中間管理職は2.92である。

地域社会における役割の重要性の上昇」という五つの地域密着型金融の進展から選択（複数選択可）してもらった（なお、選択肢には「上記に当てはまるものはない」も加えている）。

それぞれの項目を選択した人の「やりがい」の平均値を計算してみたのが図表7－13である。一般職員については、「職員のコンサルティング能力の向上」が該当すると回答した金融機関の職員の場合が最も「やりがい」が強く、表に掲げた五つの項目が一つも当てはまらないという場合に「やりがい」が最も低い結果となっている。これは、前述した「目利き力の向上」の場合と同様の結果である。

一方、中間管理職の場合は、「貴行の地域社会における役割の重要性の上昇」と回答した人の「やりがい」が最も強い。一般職員の場合も、「職員のコ

図表7－13　過去5年の変化と「やりがい」

	一般職員	中間管理職
取引先との関係の強化	2.95	3.09
職員の経営改善支援への取組姿勢の強化	2.95	3.18
職員のコンサルティング能力の向上	3.13	3.10
職員の地域経済に対する関心の深まり	2.93	3.06
貴行の地域社会における役割の重要性の上昇	3.09	3.21
上記に当てはまるものはない	2.69	2.58

（注）　地域金融機関の職員のみ。

ンサルティング能力の向上」の次に、この「貴行の地域社会における役割の重要性の上昇」が位置している。

地方創生の活動は、地域社会での役割の重要性を高めるはずであり、地域金融機関にとって単純な持出しのようにみえるかもしれないが、こうした活動が職員の「やりがい」向上につながる可能性も忘れてはならない。

(3) 顧客に有効な助言のできる職員育成こそ

最後に、コンサルティング能力の向上といった場合、具体的にはどんな能力がつくと「やりがい」が高まるのであろうか。職員アンケートでは、「新しい販売先」などの九項目について、取引先に助言し、それが取引先の経営に有益な結果をもたらした経験があるかどうかを尋ねている。そこで、それぞれの有益な助言経験ごとに「やりがい」の平均値を計算してみた。その結果が図表7－14である。

一般職員についてみると、「国や地方公共団体などの公的支援策のうち、金融関連以外のもの（各種の補助金など）」をあげる人の「やりがい」が最も高く、「新しい仕入先」と

図表7－14　これまでの有益な助言の経験と「やりがい」

	一般職員		中間管理職	
	「やりがい」の平均値	選択者数	「やりがい」の平均値	選択者数
新しい販売先	3.33	12	3.38	30
新しい仕入先	3.38	8	3.10	22
不動産（たとえば、工場用地など）	2.78	9	3.09	36
新しい資金調達方法	2.89	9	2.90	31
国や地方公共団体などの公的支援策のうち、金融関連のもの（信用保証制度や制度融資など）	2.93	14	3.07	43
国や地方公共団体などの公的支援策のうち、金融関連以外のもの（各種の補助金など）	3.40	5	3.05	20
資金調達・財務に関する当該企業の状況に即したアドバイス	3.00	10	3.05	46
経営管理・経営戦略に関する当該企業の状況に即したアドバイス	3.00	5	3.23	31
上記以外の事項のアドバイス	2.40	5	3.00	22
一度も経験がない	2.77	23	2.44	16

（注）「これまでの経験のなかで、取引先に助言し、それが取引先の経営に有益な結果をもたらしたことのある項目をすべて選んでください（いくつでも可）」と尋ねている。

「新しい販売先」が続いている。これらは、取引先企業の経営改善に直結する項目である。そうした貢献ができると、職員の「やりがい」が高まるのは自然な結果であろう。

一方で、中間管理職の場合には「新しい販売先」が最も高いが、次に高いのは「経営管理・経営戦略に関する当該企業の状況に即したアドバイス」となっている。中間管理職の場合は、直接的な助言だけではなく、中長期的な視野に立った助言ができることが、本人にとっての「やりがい」を高めているようである。

他方で、「一度も経験がない」という人の「やりがい」が非常に低い。これは、これまで確認してきたことと符合している。

以上、さまざまな調査結果を紹介してきたが、顧客に有効な助言のできるような職員に育てていくことが、「やりがい」を感じる職場をつくることになると結論づけられるだろう。

9 総　括
――地方創生の担い手として機能できる組織に変化せよ！

地方経済の低迷を打開するには中小企業の生産性を高める取組みが不可欠であり、地域の中小企業を支援しながら自らも成長していくことこそが、地域金融機関の基本的な存在意義である。そして、そのことが、地域金融機関の強みの発揮でもある。

地方創生で求められる方向性は、地域金融機関が目指しているものである。しかし現状では、そのような方向での変化の必要性は認識されていても、多くの地域金融機関で、職員が息の長い顧客支援に力を向けることができるような人事評価の仕組みが構築されていない。

しかし筆者が実施した以上の調査では、そうした方向で人事評価体系を変えていくことが、職員の「やりがい」の向上につながる可能性を示している。環境が変化するときに変化しないことこそおそれるべきである。

地方創生の担い手として機能できる組織に、地域金融機関が生まれ変わることを信じている。

＊　＊　＊

本章の【参考文献】については、第6章末を参照されたい。

最終章

地域金融機関の王道・使命《対談》

伊東　眞幸
家森　信善

1 地元企業への支援が評価されてこそ！

家森　最近の金融行政は金融機関の内部のあり方を重視するようになっており、平成二七事務年度の金融行政方針でも、「支店の業績評価」や「実績評価・人事評価における事業性評価の位置づけ」の重要性を強調している。そうした観点から、第6章では「支店長アンケート」、第7章では支店長以外の「職員アンケート」の調査結果をそれぞれ紹介した。

このなかで気になったのは、第7章3の職員アンケートで地域金融機関に就職した理由を質問したところ、「地元で働ける」との回答は四九・三％に達したのに対し、「地元のために働ける」との回答は一五・三％にすぎなかったことだ（図表7－3参照）。

ところが、勉強会等を通じて地域金融機関のベテラン職員に同じ質問をすると、「地元のために働ける」ことを喜ぶ声が非常に多い。したがって、就職時点から経験を増すにつれて、地域金融機関職員の意識に変化が出てくるのではないか、と考えている。勤務経験が増すにつれ、先輩やお客様の声を通じて地域貢献の意識が高まってくる――それが地域金融機関の文化であり、地域金融機関のよさなのではないか。

伊東　地域金融機関の役割・使命を考えると、取引先であるか否かを問わず、「地元企業に対する深い理解とそのニーズに基づくさまざまな切り口からのタイムリーな支援」ということに尽きる。業況の悪化がみられる先には経営改善指導、売上げ・販路拡大が必要な先にはビジネスマッチング、その他経営上の課題がある先にはその解決策を見い出すコンサルティングサービスの提供といったケースもある。横浜銀行の例でいえば、急成長して人材が不足している先に職員を出向させて内部管理体制整備のお手伝いをするなど、多様な支援の枠組みが存在する。これこそ地域金融機関の歩むべき王道であり、存在意義なのではないか。

リレバンが提唱されて以来の取組みに加えて、最近では地方創生や事業性評価の取組みも要請されており、それが地方のためにも地域金融機関のためにもなることは重々承知している。問題は、そうした活動を地道に展開している職員や支店が本当に評価されているかどうか、ということになろう。私自身は、地元企業にさまざまな切り口で支援を行う職員や支店が高く評価されるのは当然だと考えているのだが……。

家森　そうした実績評価・人事評価まで当局が要請する実情についてはどう思うか。

伊東　裏返せば、そうしたことができていない地域金融機関が存在している、ということなのだろう。地域金融機関が役割・使命をきちんと果たしていれば、当局から要請されるはずもない。この点は真摯に反省すべきだ。

家森　一方、勤務経験が増えてベテランになるにつれ、地元のために働けることを喜ぶようになる理由は何だろうか。

伊東　家森先生のような研究者とか医者・弁護士・官僚などを目指そうとする方々は、学生時代から高い志や明確な将来展望を抱いて勉強していると思うが、銀行員も含めて一般企業のサラリーマンになろうとする方々は、必ずしもそこまで志や将来展望が明確になっていないのではないかと思われる。

地域金融機関を志望する学生は、全国規模での転勤がなく「地元で働ける」ことに魅力を感じることも多いのではないか。そして、そうした人たちが実際に地域金融機関に入って勤務経験を重ねていくにつれ、前述した地域金融機関の王道を歩み、存在意義を発揮していくことのおもしろさを徐々に実感していくようになるのだと思う。仕事のなかで企業の成長を肌身で感じたり、多数の経営者と出会えたりするのは、地域金融マンの特権でありほかの職業ではなかなか経験できないと思う。

家森　地元の企業・産業や経済の発展を地域金融機関が支えていると実感できれば、職員もやりがいが高まっていくに違いない。ただし、それについては個人差もありそうだが。

伊東　そのとおりだ。地域金融機関の使命をしっかり果たしている人とそうでない人では、やりがいやおもしろさ、実績評価・人事評価という面でも差が出るだろう。

2 職員のやりがいや充実感を高めるには

家森　そうした地域金融機関の使命やよさを維持するには、良好な職場環境を築けるかどうかも問題になってくると思う。第7章5で取り上げた職員アンケート（図表7－6参照）によると、人事評価で「既存企業に対する経営支援への取組み」を重視している金融機関ほど一般職員や中間管理職のやりがいは高い、との結果が鮮明に現れている。

伊東　「既存企業に対する経営支援への取組み」というのは、先に私が指摘した「地元企業に対するさまざまな切り口からの支援」の一つだ。その成功には企業に対する深い理解が前提となるが、経営支援が当該企業のニーズである場合、そのことを察知し支援を実現することは、当該企業にとってはその時点で最大のメリットとなり、地域金融機関が本来行うべき使命といえる。そうした使命をしっかり果たしていることが認識できれば、職員の達成感や充実度も格段に向上する。したがって、この調査結果は当然だと受け止めている。

家森　地元企業に対して、最近ではどのような切り口での支援が増えているのか。

伊東　ここにきて利益が安定化してきた企業は多いが、将来を見渡した場合、「トップラインが落ちてくるのではないか」「海外戦略について手を打たないといけないのではないか」等の不安を抱く経営者が増えている。ところが中小企業の場合、そうしたテーマに取り組んでいける人材は少ないので、対応も不十分な場合が目立つ。

そうしたときに、横浜銀行本体のほか、当社（浜銀総合研究所）に支援を求めるケースが目立つ。このように融資以外の面でさまざまな支援を行うと、地域金融機関のシンクタンクひいては銀行グループとして地元企業から感謝される機会が増えるのは当然だ。

家森　時代によって、あるいは企業規模や業種・地域によって、個々の企業のニーズは変化し、多様化してくるということだろうか。

伊東　そう思う。もちろん、さまざまな切り口での支援に結果が伴えばいちばんいいのだが、大切なのは何といってもタイムリーに行動を起こすことだ。そして、きちんとしたプロセスで行動し続ければ、地域金融機関職員の充実感も地元企業の満足度も向上していく。

もう一つのポイントは、行動するに際して職員自ら頭を使うこと。上から指示を受けて他律的に行動したのでは、職員のやりがいは高まらない。経営者とのコミュニケーションを通じて課題やニーズを深掘りし、自分なりに支援策を考えながら行動していくことが、地域金融機関職員としての幸せや喜びにつながっていく。

家森　投資信託や保険商品の販売も求められる現在と比較して、昔のほうが地域金融機関職員はそうした幸せや喜びを抱きやすかった、といった話をよく耳にするのだが。

伊東　私自身もそうした声を耳にすることはあるが、これは金融機関の提供する商品・サービスの多様化・複雑化といった事情以外に、不良債権処理や長期デフレの過程で金融機関自身も合理化を余儀なくされた結果、人員面で昔ほどの余裕がなくなっているという側面もあろう。

ただ、近年はどの金融機関も職員採用数が増えている。優秀な人材は、経営者の話に感度よく反応し、必要に応じて本部や関連会社の機能・人材を駆使するのが上手だ。こうした人材の育成が、地域金融機関にとって喫緊の課題であることは間違いない。

3 結果至上主義の人事評価の弊害

家森　本書では取り上げていないが、私は中小企業経営者の金融機関に対する満足度についても調査している。その結果を概観すると、単なる資金供給にとどまらず、適切な助言やコンサルティング機能を発揮したほうが経営者から高く評価される傾向が強い。
貸出面では金利競争が激化しているが、中小企業側からすれば何百億円も借り入れるわけではないので、貸出金利が多少低下してもその恩恵は限られてしまう。むしろ金利競争よりも、良質なお客様の紹介や経営改善指導のほうが有効で歓迎される。金利よりも知恵の競争、伊東社長のおっしゃる「頭の使い方」が問われるのではないか。

その意味では、職員に対する業績評価や人事考課の再構築が不可欠だと思われるが、図表終－1のとおり、実際の人事評価では「新規貸出先の獲得」を重視する傾向がかなり強い。「既存企業に対する経営支援への取組み」こそ地域金融機関の王道・使命・あるべき姿だとの重要性が認識されているにもかかわらず、実際の人事評価ではそうした体系に進んでいないのはなぜか。

伊東　図表終－1で掲げられた

図表終－1　人事評価での各項目の重視度

（単位：点）

	都市銀行	地方銀行	第二地銀	信金・信組
①　既存顧客向け貸出額およびその伸び	2.11	2.15	2.18	2.11
②　新規貸出先の獲得	2.15	2.34	2.45	2.33
③　預金およびその伸び	1.59	1.52	1.68	1.89
④　投資信託やデリバティブ、保険などの販売	2.03	2.04	2.32	1.67
⑤　既存企業に対する経営支援への取組み	1.90	1.87	1.55	1.63

（注）　1．自機関での人事評価（主に渉外係）において、上記5つの観点の重視度について、「非常に重要」「ある程度重要」「考慮するが参考程度」「ほとんどゼロ」「わからない」の5段階で回答していただいた。
2．「非常に重要」を3点、「ある程度重要」を2点、「考慮するが参考程度」を1点、「ほとんどゼロ」を0点として平均値を計算。

（出所）　家森・米田〔2015ａ・ｂ〕

①〜④の項目は、いずれも最終的な「結果」そのものが評価される。これに対して⑤の「既存企業に対する経営支援への取組み」は「行動」自体を評価している。最終的に結果が伴う場合でも、行動した直後から常に結果が出てくるとは限らず、担当職員の在籍期間中に明確な成果が出てこない場合も少なくない。こうした行動と結果のタイムラグが、実際に人事評価を行う際のむずかしさの一因になっている。

家森　しかし結果だけを重視しすぎると、職員の意識やモチベーションに影響を及ぼすのではないか。近年の金融庁も、そうした点をかなり懸念している。

伊東　そうなってしまうのがいちばんよくない例であり、地域金融機関の経営層も心配しているところだ。やはり人事評価で最も基本になるポイントは、お客様が望んでいることを正確かつ詳細に把握したうえで、そうしたニーズに対してきちんと対応し、お客様をしっかりと支援していくことに尽きる。その結果、お客様の業況伸展に貢献し、結果が目にみえて出てくるようになれば、地域金融機関の業績にも資することになり、担当職員の人事評価にもそれが反映されていく。そうした好循環が出てくれれば理想的だ。

支店等の現場で結果至上主義に陥ると、上司が部下にさまざまなかたちでプレッシャーをかけるようになり、職員が委縮し、極端な場合にはお客様に対して「お願い営業」をするようになってしまう。お客様のニーズよりも、自らの都合を優先してしまう営業だ。いうまでもなく、こうしたことは厳に慎まなければならない。

4 行動評価のあり方が問われる

家森　その一方で、金融機関には結果が求められることも事実だ。伊東社長は先に結果だけでなく、きちんとした行動を続けてプロセスもしっかりしなければいけないと強調されていたが、両者のバランス確保はとてもむずかしい。

伊東　地域金融機関も民間企業である以上、結果も当然重要になる。したがって、結果に対する評価に加えて、職員がどのような行動をしてきたかをみる行動評価もきちんと行わなければならない。そのバランスは金融機関によって異なる。50：50の場合もあれば、そうでない場合もあろう。

家森　結果に対する評価と行動評価では、評価の仕方も変わってくるように思われるが。

伊東　結果に対する評価は、業績目標に対する達成度など貢献度合いがはっきりしているので透明性がある。ところが行動評価になると、行動に対する評価尺度は具体的に設定しにくいので、評価にある程度の恣意性が入ってくるのはやむをえず、程度の問題だと割り切る覚悟も必要になろう。また、恣意性の排除・払拭に関しては、一次評価者とさらに上位の評価者との間で「この職員は何を目的にどう行動したのか」といった摺り合せを行うなど、評価者間のコミュニケーションも重要だ。

家森　特に行動評価のウェイトが高まると、恣意性をめぐる問題は複雑になりやすい。

伊東　また、重大なミスに対する結果責任については、金融機関ではある程度意識せざるをえない。お客様の命の次に大切といわれるお金をお預りする仕事だから当たり前といえば当たり前だが、特に融資が受けられなければ存続できなくなる可能性の高い企業への与信判断を行う場合など、きわめて重要な局面において職員に重大なミスがあった場合、当然それに対するペナルティは科せられるべきであろう。そうした意味での厳格性は保持しなければならない。

もちろんそうしたことが行き過ぎた結果、職員のモチベーションが低下したり、職場の雰囲気が悪化したりしてしまうのは論外だ。そこで、重大なミスなど特別な場合を除いて、職員が本来やるべきことをきちんと行っているかどうかの評価については、「この職員はどのようなミスを犯したのか」という減点主義ではなく、「どのような積極的な行動をとったのか」という加点主義のウェイト・要素を増やしていく必要があることに異論はない（図表7―9、7―10参照）。

前述したように、お客様のニーズを的確にとらえて、それに対してしっかりとした対応を図るべく行動をしていれば、当然、加点評価の対象になる。

家森　お客様との取引について件数やボリュームの重視で評価することに加え、職員の行動についても手間のかかる評価をやめて、安易に減点主義に走っていくと、地域金融機関は本来歩むべき方向からどんどん外れていくのではないか。行動評価にある程度の恣意性が入るという話はよくわかるが、地域金融機関は人事評価にもっと手間をかけないといけないように思われてならない。

伊東　前述のとおり、やはり結果に対する評価と行動評価のウェイトやバランスが重要になってくるだろう。ただ、地銀の頭取方と話をしていると、最近は行動評価のウェイトを以前よりも高めているところが増えているように思われる。それは、金融界が不良債権問題に伴う切羽詰まった状態から脱却したという事情が大きい。とりわけ公的資金の導入と外国人株主の比率が高まった結果、中長期的な視点よりも短期的な業績を重視する傾向が一時強まったが、その後こうした危機的状態を脱して現在ではだいぶ落ち着いてきているということだろう。

したがって今後は、短期的な業績だけにとらわれるのではなく、中長期的な視座で地元にコントリビュートすることで地元が潤うようにならなければ、地域金融機関の将来も明るいものにはならないだろう。また、そうなるものと期待している。

家森　人口減少、地方から大都市圏へのマネーシフトなど、マクロ的な環境が激しく変化するなかでは、目先の数字を追いかけるだけでは地域金融機関は尻すぼみになる。

伊東　そのとおりだ。「短期と中長期」「結果に対する評価と行動評価」という二つのバランスをとっていかないと、地域金融機関はマクロ環境の変化に対応できなくなるだろう。

5 地域金融機関に絶好のチャンス到来

家森　伊東社長はお会いされた地銀の頭取の方々の話をふまえて、行動評価――職員の定性的評価――のウェイトを高めているところが増えていると指摘された。この話を聞いて私が憂慮するのは、そうした先進的な地域金融機関とそうでない地域金融機関の格差・二極化が生じ、それが地元の企業ひいては経済の格差・二極化にもつながっていくのではないか、ということだ。今後とも、行動評価・定性的評価導入の動きは地域金融機関に広がっていくだろうか。

伊東　結局のところ、地域金融機関のトップが自行（自金庫・自組合）の使命をしっかり理解しているか否か、という話に行き着くのではないか。地域のお客様が真に求めているものを正確に把握して愚直に実行する――その重要性を職員に常々説き、職員に自ら考えることを求め、ひいては実際に行動することを求めているかどうかが鍵を握る。したがって、実際に行動すれば結果がついてくるということを繰り返し説いていくほかないと思う。そしてトップは、語るだけではなく自ら範を示すことが大切だ。

伊東　眞幸氏

トップ、役員、支店長・部長、ミドル、一般職員がお客様と接する場合、それぞれの立場でのかかわり方がある。トップはトップなりの見識で企業経営者と誠意をもってお付合いし、相手のニーズの本質は何なのかを見極める努力を日々行うべきだ。そのうえで、当行（当金庫・当組合）であればどのような対応ができるか、常に具体的に考え行動していく必要がある。

そして、トップが支店長と取引先を訪問した際には、トップは支店長に範を示すべきであり、また支店長が担当者と取引先を訪問したときも同様だ。

家森　部下の側が「上司やトップ・役員は言いっ放しで何もやっていないじゃないか！」との思いを抱くような金融機関は、いずれ地域やお客様にも見放される危険性がある。逆に、「上司やトップ・役員はお客様とこうやって付き合っているのか！」と部下の共感度や納得性が高い金融機関は、地域やお客様に歓迎され、人事評価でも「短期・中長期」「結果に対する評価・行動評価」のバランスをとろうとしているような気がする。

伊東　やはりトップ自らの意欲と決断、見識、範を示す力量等が最大のポイントだろう。

家森　その観点でいくと、不良債権問題の深刻な時期を脱した現在は、地域やお客様が真に求めるものを追求・実行していけば、地域やお客様の業績が伸展して喜ばれるとともに、地域金融機関も存在感や機能・役割が向上し、結果として収益にも結びつくし、職員のやりがいも高まっていく状況にある。

いわば地域やお客様、金融機関、職員の三者のベクトルが同じ方向で一致した三者互恵（Win-Win-Win）の構図だ。こうした状況は地域金融機関として非常に恵まれた環境といえ、地方創生についても地域金融機関の本領を発揮しやすくなると思う。

伊東　第2章で、「コントリビューション・バンキング」の特徴として、「地元への貢献・参画の仕方」といったが、実はそれが一つ目とすると、二つ目は「顧客が真に求めるニーズに対し、さまざまな切り口から行われるタイムリーな支援」、すなわち、取引先にコントリビュートして、結果として自らも潤うということかもしれない。ところで、対談の冒頭、家森先生は当局が金融機関の内部のあり方を重視するようになり、さまざまな要請を行っている旨の話をされたが、それはとりもなおさず地域金融機関にとってチャンスであり、当局が地域金融機関の応援団として支援していると総括できる。地域金融機関トップの意欲や決断・見識などが職員の末端にまで伝わるよう、当局が支援している構図なのかな、と率直に感じる。

家森　地域金融機関としては腕の見せ所だが、逆にいえば、チャンスが到来したいまこそ地域金融機関の実力が真に問われているといえよう。

6 なぜ信金・信組で減点主義の傾向が強いのか

家森　ところで、私が第7章で取り上げたアンケート調査結果（図表7－10参照）をふまえて、業態別にさらに詳しくみた調査結果（図表終－2参照）を紹介すると、金融界の関係者から驚きや疑問の声があがることがある。

一例をあげれば、信金・信組では「減点主義の性格が強く、従来よりもその傾向が強まっている」との回答比率が他業態に比べて突出して高いことだ。

正直なところ、サンプルの数が十分かどうかという問題はあろう。実際に勉強会などで信金・信組の関係者に尋ねると、この結果のとおりだと納得される方もいれば、そうではないだろうと疑問を呈される方もいる。とはいえ、信金・信組は他業態に比べて、加点主義の方向に大きく舵を切っているとは言いがたいことは看過できないポイントだと思う。

先ほどは地域金融機関にチャンス到来という話になったが、このタイミングを逃さず図表終－2　業態別にみた金融機関の人事評価（加点主義か減点主義か？）

《問》　金融機関の人事評価においては、加点主義ではなく、減点主義の要素が強いといわれますが、貴機関の状況はどう評価されますか。以下のなかから一つを選んでください。

	都市銀行	地方銀行	第二地方銀行	信金・信組
減点主義の性格が強く、従来よりもその傾向が強まっている	13.3%	13.5%	4.8%	32.7%
減点主義の性格が強く、従来から変化はない	34.9%	36.5%	38.1%	34.7%
減点主義の性格が強いが、従来よりもその傾向は弱まっている	25.3%	31.1%	28.6%	16.3%
加点主義の性格が強く、従来よりもその傾向が強まっている	10.8%	8.1%	23.8%	8.2%
加点主義の性格が強く、従来から変化はない	14.5%	9.5%	0.0%	8.2%
加点主義の性格が強いが、従来よりもその傾向は弱まっている	1.2%	1.4%	4.8%	0.0%
該当回答者数	83	74	21	49

「減点主義」的な人事評価が主流。特に信金・信組では、「強まっている」との回答が顕著に多い。

（出所）　家森・米田〔2015 a・b〕

にチャンスを活かすためには、加点主義の人事制度を導入しないとどうしても〝守り〟の経営・業務展開に陥ってしまう。何もしないほうが減点されることもなく得をするという人事体系では今後は通用しない、と私は常々申し上げている。

伊東　たしかに現在は、〝攻め〟の経営・業務展開が求められている局面だ。地域金融機関にとって絶好のチャンスともいえるこのタイミングを逃すと、世界経済の動揺、マイナス金利の導入など、不安要因が確実にわれわれを脅かしつつある状況で、活路を見出していくのは大変だ。

逆に家森先生にお聞きしたいのだが、信金・信組で減点主義的な傾向が強まっている理由については、どのように分析されているか。

家森　もっと調査を重ねてからでないと、私自身も自信をもって答えられない。ただ信金・信組と一口にいっても、業容や営業区域の大きさにバラツキがみられ、経営支援に本気で取り組む信金・信組もあれば、信用保証制度に依拠した融資に依存するような信金・信組もあり、業態内の格差は定量面・定性面のいずれでも想像以上に大きい。そのため、先進的な信金・信組の関係者は減点主義の風潮が強いとの調査結果には強い疑問を呈するだろうし、先進的でない信金・信組の関係者はそうした調査結果に納得するかもしれない。そのため、業界内の評価は二極化しやすいだろう。

その背景についてさらに踏み込んでいえば、信金・信組のガバナンスの問題を指摘しておかなければならないだろう。これについては、『週刊金融財政事情』二〇一六年一月一一日号一二頁以下で詳しく述べているが、協同組織金融機関というのは、うまく機能すれば素晴らしいガバナンスの仕組みだが、形骸化して外部のチェックが弱くなると、経営陣が旧態依然とした経営を行っていても、それを正すのがむずかしくなってしまう。

7 地域や取引先に恩恵のある再編こそ！

家森　話は変わるが、最近では東京都民銀行と八千代銀行の経営統合が行われ（東京ＴＹフィナンシャルグループ）、そこに新銀行東京も加わり、さらには三行が合併の方向で検討が進められている。続いて、横浜銀行と東日本銀行（コンコルディア・フィナンシャルグループ）、トモニホールディングスと大正銀行、常陽銀行と足利ホールディングス、

家森　信善氏

肥後銀行と鹿児島銀行（九州フィナンシャルグループ）、ふくおかフィナンシャルグループと十八銀行の経営統合も発表され、地銀界で再編の動きが相次いでいる。ここで、地域金融機関の再編についてもご意見をうかがいたい。

地域やお客様の立場からすれば、規模の拡大など金融機関側の思惑や都合だけでは特段のメリットを得られるわけではない。やはり地域やお客様に具体的な恩恵があってこその再編であるべきだ。本書のテーマである「コントリビューション・バンキング」という視点に即して考えれば、合併や経営統合によって経営体力に余裕をつけ、地元企業への経営支援など地域金融機関の王道・使命の実践にリソースをより多く回せるようにすることが、地域や取引先が享受する何よりのメリットではないか。

伊東　たとえば私が代表取締役を務めていた横浜銀行の場合、東日本銀行との経営統合を決定し、コンコルディア・フィナンシャルグループとして二〇一六年四月にスタートを切った。地域や取引先が享受する恩恵を考えた場合、横浜銀行が強みや実績を有している機能――たとえば事業承継や海外進出支援等も含めたコンサルティング――を、東日本銀行のお客様に提供できることがまずあげられる。

反対に、東日本銀行が有している東京都内の多様な情報を、横浜銀行のお客様に提供できる。また、顧客基盤が拡大することによって、それをベースとしたビジネスマッチングや良質のお客様の紹介も可能になる。こうした相互補完が整うと、経営統合のメリットが地域やお客様に提供可能になる。

家森　伊東社長のおっしゃるとおりだと思う。単に規模が拡大しても、規模がもっと大きな金融機関はいくらでもあるので強みにはならない。それぞれの強みを活かして相互補完をすることが、合併や経営統合で最も大事なポイントであり、コントリビューション・バンキングを実行していくうえでも重要になろう。

8 地域のシンクタンク機能
――地域のグランドデザインを描く

家森　伊東さんが社長を務められている浜銀総合研究所は、いわば地域のシンクタンク機能を担っている。一方で信金・信組の場合は、営業区域や経営資源の限定性といった面から、地域のシンクタンク機能を十分には担えないケースもあるだろう。人材や収益性といった問題もある。この差は意外に大きいのではないか。

浜銀総合研究所の設立・運営は、地域のリーディングバンクである横浜銀行グループとして、地域全体をみなければならないという使命感に基づいているのだろうか。

伊東　地銀等のシンクタンクをみた場合、株式会社の場合もあれば、一般財団法人など公益法人のケースもあり、地銀等によって設立の趣旨・目的や業務内容・形態は異なる。メガバンクであれば銀行本体で行っている機能を、横浜銀行グループの場合は銀行本体と当社で分担し、あるいは共同で取り組んでいる。もちろんそのなかには、地域経済調査といった地域全体をみる内容も含まれている。

当社の場合、売上げでみると銀行本体からの受託額よりも、国や地公体からの受託や取引先企業に対するコンサルティング業務で計上している売上げの比率が他社よりもかなり高いと思う。実際、横浜銀行本体からも「浜銀総合研究所は自活せよ!」といわれているくらいだから(笑)。

案件によっては全国展開のものもあるし、海外にかかわる調査・コンサルティングも実施している。また、住宅ローン審査モデルの構築や住宅ローン収益管理モデルの構築は地銀約二〇行から受託している。半面、神奈川県や横浜市・川崎市など地元行政からの受託業務も数多く行っている。さらに、大手シンクタンクでもなかなか手がけていない、国や世論に訴える「政策提言」なども年四回程度行っている。そのため、当社の場合は厳密にいえば地域限定・地域特化型のシンクタンクとはいえないかもしれない。

家森　地域のグランドデザインをだれが描くかといえば、基本は都道府県であり、市町村のような基礎自治体になるが、そこに地域金融機関が参画するとなった場合、役所にはない独自の知見、バックグラウンドとなるマクロ的な数字に基づいたミクロ面の数値予測なども必要になる。先に伊東社長は地元企業の経営支援について、行動に際しては担当職員自ら頭を使うことの必要性を説いていたが、地域金融機関本体としても地域について自らの頭で考えることが肝要なのではないか。そうでなければ、地方自治体をきちんと説得できない。地域のシンクタンク機能とはまさにそういうことだと思うが。

伊東　本書の第3章～第5章で、地方創生に関する地域金融機関の関与について具体的に提言している。こうしたテーマなど、地方創生が提唱される前から地方自治体との関係を緊密化させ、調査・コンサルティングや政策提言についてある程度経験を積んだ地域金融機関・シンクタンクグループと、その経験・実績やノウハウなしにいまから性急に取り組もうとするところとでは、当然ながら差が出るものと思われる。特に地域のシンクタンク機能についていえば、①日常の政策立案にかかわるテーマ、②二〇～三〇年後を見据えた中長期的なテーマの両方に、これまである程度の期間取り組んでいないと厳しいだろう。

金融機関の場合、公務部門でも二～三年で職員は異動してしまうが、当社のようなシンクタンクであれば、数年あるいは一〇年以上のタームで一つのテーマに取り組んでいるプロフェッショナルも在籍する。横浜銀行グループの場合、当社は以前からそうした体制を整備していて、古くから県内自治体との緊密なパイプを築いている。銀行本体ではなかなか行いにくいことを、シンクタンクがカバーできる体制が理想的だろう。

家森　人事評価に関して、トップ自らの意欲と決断、見識、範を示す力量等が最大のポイントになるとの話があったが、地域のシンクタンク機能についても同じことがいえそうだ。すぐに収益になるような事業・テーマではなくても、二〇～三〇年後に花開くような種をまく先見性や人選が鍵を握りそうだ。このように考えると、シンクタンクを含めたグループ全体で俯瞰した場合、地域金融機関経営者の資質・素養や能力はいままで以上に重要性を増しているといえるだろう。

（構成・金融財政事情研究会出版部　伊藤洋悟）

※本対談は二〇一六年二月に実施。肩書は当時のもの。

おわりに

本書の副題にある「コントリビューション・バンキング」は、伊東社長による造語である。その内容は本書第2章で詳述されているとおりであるが、従来から進められてきたリレーションシップバンキングが個々の取引先への支援という視点での取組みであったのに対して、それをさらに拡張・深化させて、地元マーケットないし地元経済全体を対象に「貢献・参画」していく取組みを包含したものである。

金融庁『平成27年事務年度　金融行政方針』には、地域金融機関に対して「地域の経済・産業を支えていくことが求められる」と明記されており、コントリビューション・バンキングは突拍子もない要請ではない。これまで、リレーションシップバンキングを、文脈に応じて、顧客密着型金融といったり、地域密着型金融といったりしてきたが、「地域の経済・産業を支えていく」点を強調する新語として、コントリビューション・バンキングを使っていると理解してもらってよい。

伊東社長が本書の第2章～第5章で展開されるビジネスモデルは、都道府県レベルないしそれよりもさらに広範囲の地域をカバーする地方銀行との親和性が強い。横浜銀行に長くお勤めになった経験をベースにして、地域銀行、特に地域で大きなシェアをもつ地方銀行のあり方に関して問題提起されていると読むことができる。

しかし、筆者は、コントリビューション・バンキングのモデルは、信用金庫や信用組合などの協同組織金融機関にも十分に参考になると考えている。第一に、個々の協同組織金融機関は全県レベルでみればシェアは高くないとしても、特定の地域（たとえば、本店立地の市町村）では高いシェアをもっていることが少なくない。実際、多くの協同組織金融機関が、地方版総合戦略の策定に中核的な立場で参画されているし、筆者は協同組織金融機関の関係者と会う機会が多いが、彼らから地元に対する熱い「想い」（それがコントリビューション・バンキングのベースになる）を感じることがしばしばである。

第二に、経営理念的には、コントリビューション・バンキングのビジネスモデルは、外国人株主など地域外の株主が多い大手地方銀行よりも、地元の市民や企業者が会員・組合員である協同組織金融機関のほうが実践しやすい側面もある。筆者が審議に加わった二〇〇九年の金融審議会・協同組織金融機関のあり方に関するワーキング・グループ「中間論点整理報告書」では、協同組織金融機関に対して「期待される機能」として、地域金融支援機能（例・商店街の活性化、ニュービジネスの育成等、地域の再生に積極的にかかわっていくこと）が明示的に取り上げられていた。コントリビューション・バンキングでは、単に「かかわっていく」だけではなく、推進役としての能動的な役割も期待されている点に留意が必要であるが、「中間報告」で期待されていた役割は本書でコントリビューション・バンキングと呼ぶものにかなり近いことは明らかである。

一方で、地元経済の問題を狭い地域内に存在するリソースだけで解決することはむずかしい場合も多いであろうし、コントリビューション・バンキングに取り組むには一定の余裕が地域金融機関に必要である。これに対して、再編・統合による規模拡大が一つの対応方法であるが、コントリビューション・バンキングへの取組方法はそれ一つではない。他の金融機関、中央機関、あるいは他の専門家や専門機関との協働方法を工夫すれば、経営体としては独立しながらも機能的には対応することが可能である。したがって、小さな金融機関であっても、コントリビューション・バンキングに取り組むことは不可能ではないのである。

ところで、地域にとって不可欠の存在でなければ、地域金融機関の明日はなく、そのためには地域金融機関自身が変わっていく必要がある。こうした危機意識は、筆者がお会いする地域金融機関のトップは皆おもちである。それなのに、いつまでたっても変われないのはなぜなのだろうか。

筆者は、金融機関の職員に対するインセンティブの与え方が不適切であるために、経営陣が目指したいと思っている方向に組織が動かないのではないかという仮説をもって、これまで、独自にアンケート調査を実施してきた。その結果、第6章でまとめているように、過去の「預金重視」や「貸出金重視」といったボリューム重視の時代の人事評価から脱却できておらず、地方創生や地域密着型金融の推進とは矛盾するような従来型の人事評価がまだ主流のままになっていることを見出した。

コントリビューション・バンキングを推進したい金融機関の経営トップへの良い知らせは、第7章に示したように、地方創生を推進するような方向に人事評価を変えることが、職員のやりがいを高めるとの結果が得られているということである。もちろん、新しいことへの挑戦は、金融機関トップにとって大きなリスクをとることになるが、コントリビューション・バンキングを推進することは、賭けてみる価値のある道だと筆者は考えている。

最後に、本書執筆の経緯を記しておきたい。「日本経済新聞」（二〇一五年四月一二日）

の書評コーナー「今を読み解く」において、「地方創生担う地域金融」というテーマで最近の地域金融に関する書籍を紹介する機会があった。その際に、最初に取り上げたのが、本書の共著者である伊東社長の『地銀の未来　明日への責任』（金融財政事情研究会二〇一五年）であった。

同書で、伊東社長は、環境変化に対応して銀行自身が変わる「勇気」を銀行に求めており、その考えに共感して、同欄で紹介したのである。この書評がきっかけになり、伊東社長が神戸大学の筆者の研究室を訪ねてこられたり、筆者が訪問したりしながら、何度か意見交換をする機会に恵まれた。大学のなかしか知らない筆者と、地域銀行の経営に携わってこられた伊東社長とではバックグラウンドはまったく異なるものの、これからの地域金融機関の方向性について非常に似た考えをもっていることがわかってきた。そこで、今回、伊東社長が『週刊　金融財政事情』に発表されてきた論考を中心にして著書を上梓されるに際して、筆者も寄稿することになった。その結果が本書である。

筆者のような研究者にとって、地に足をつけた研究をするためには、伊東社長のような実務経験の豊富な方々の意見を聞くことは非常に重要である。筆者の研究に少しでもみるべきものがあるとすれば、日頃、筆者に助言していただいている実務家の皆様に加えて、筆者が行ったアンケート調査に回答してくださった金融機関の皆様のおかげである。皆様に心よりお礼を申し上げたい。これからも、日本の地域金融システムに貢献できる研究を続けることで、少しでもお返しをしていきたいと思っている。

最後になるが、本書を企画・編集していただいた伊藤洋悟氏、および、刊行を実現していただいた花岡博氏にそれぞれ感謝をしたい。

二〇一六年五月三日

神戸大学経済経営研究所教授

家森　信善

【わ行】

【は行】

【ま行】

【や行】

【ら行】

【た行】

【な行】

【さ行】

■事項索引■

【あ行】

【か行】

■著者略歴■

伊東　眞幸（いとう　まさき）

1978年３月一橋大学経済学部卒業、同年４月横浜銀行入行。1986年米国ミシガン大学経営大学院入学（銀行派遣）、1988年同大学院修士課程修了（MBA）。2000年５月秘書室長、2004年６月執行役員営業統括部長、2005年６月執行役員経営企画部長、2006年６月取締役執行役員経営企画部長を経て、2008年４月代表取締役。2012年６月株式会社浜銀総合研究所代表取締役社長に就任、現在に至る。2013年４月より、横浜市立大学国際総合科学部非常勤講師。2015年４月より神奈川大学経済学部非常勤講師。

著書に『地銀連携――その多様性の魅力』（2014年）、『地銀の選択―― 一目置かれる銀行に』（2014年）、『地銀の未来――明日への責任』（2015年、ともに金融財政事情研究会）がある。

家森　信善（やもり　のぶよし）

1986年３月滋賀大学経済学部卒業。名古屋大学大学院経済学研究科教授、名古屋大学総長補佐などを経て、2014年より神戸大学経済経営研究所教授および名古屋大学客員教授。経済学博士。専門は、金融システム論。現在、金融庁・参与、金融審議会委員、金融機能強化審査会委員、金融仲介の改善に向けた検討会議有識者メンバー、中小企業庁・中小企業政策審議会臨時委員、東海財務局・金融行政アドバイザリーなどを務める。

著書に、『地域連携と中小企業の競争力』（2014年）、『ベーシックプラス　金融論』（2016年、ともに中央経済社）がある。

地銀創生
――コントリビューション・バンキング

平成28年6月23日　第1刷発行
平成29年6月30日　第2刷発行

著　者　伊　東　眞　幸
　　　　家　森　信　善
発行者　小　田　　　徹
印刷所　図書印刷株式会社

〒160-8520　東京都新宿区南元町19
発　行　所　**一般社団法人 金融財政事情研究会**
編 集 部　TEL 03(3355)2251　FAX 03(3357)7416
販　　売　**株式会社 き ん ざ い**
販売受付　TEL 03(3358)2891　FAX 03(3358)0037
URL http://www.kinzai.jp/

ISBN978-4-322-12884-0